· 语言产业研究丛书 ·

学术顾问：李宇明
总主编：李 艳 贺宏志

YUYAN CHANYE YANJIU SHI BEI JI

语言产业研究拾贝集

李 艳 主编

中国教育出版传媒集团　语文出版社

·北京·

图书在版编目（CIP）数据

语言产业研究拾贝集 / 李艳主编. -- 北京 ：语文
出版社，2024. 6. --（语言产业研究丛书）. -- ISBN
978-7-5187-1962-4

Ⅰ. G124

中国国家版本馆CIP数据核字第20240UM370号

责任编辑	谭文雯	
装帧设计	刘姗姗	
出　　版	语文出版社	
地　　址	北京市东城区朝阳门内南小街51号　　100010	
电子信箱	ywcbsywp@163.com	
排　　版	河北新华第一印刷有限责任公司	
印刷装订	北京盛通印刷股份有限公司	
发　　行	语文出版社　新华书店经销	
规　　格	787mm×1092mm	
开　　本	1 / 16	
印　　张	18.75	
字　　数	261千字	
版　　次	2024年6月第1版	
印　　次	2024年6月第1次印刷	
印　　数	1-1,000	
定　　价	88.00元	

📞 010-65253954(咨询) 010-65251033(购书) 010-65250075(印装质量)

学术传播随想

——序《语言产业研究拾贝集》

  2012年12月1日，首届中国语言产业论坛在北京举行，论坛主题是"发展语言产业，繁荣语言事业，建设语言强国"。首都很多媒体报道了这次论坛。之后，《语言文字报》编辑部联系我，拟开设语言产业专栏，传播语言产业研究工作，邀请我们团队提供稿件。迄今12年，《语言文字报》刊登中国语言产业研究院团队的研究成果，报道中国语言产业论坛、中国（北京）国际语言文化博览会以及研究院团队开展的其他相关实践活动，文章数量近百篇。

  可以说，《语言文字报》见证了我国语言产业研究、语言产业实践活动十余年来的不断成长，助力了语言产业学术的传播。如果哪一天有学者要编写语言产业研究、语言产业学科的发展史记，别忘了"学术传播史"这一章节，其内容至少得包括：中国语言产业论坛及相关论坛，有关的报纸专栏、学术期刊专栏、公众号、培训讲习活动、博览会博物馆等。学术的繁荣，要靠学者的创作，还要靠媒体的传播。

  首届中国语言产业论坛的主题表达了我国语言文化建设总的使命与目标追求。其后历届论坛的主题有"'一带一路'建设中的语言产业""推动语言'产研'结合，服务国家语言战略""迎接新十年：中国语言产业研究的使命与任务""新时代新经济背景下中国语言产业研究的历史使命""语言产业及语言文化建设助力乡村振兴""做好语言产业规划，服务中国式现代化建设"等，今年以"发展新质生产力与语言经济学、语言产业学建设"为主题，第十届中国语言产业论坛与中国语言经济学论坛再度"双坛合璧"。论坛史记从一个侧面反映了语言产业研究的演进。

我认为，语言产业研究的选题有七个大的方面，包括基础研究（理论研究）、行业研究、区域研究、国别研究（比较研究）、案例研究、政策研究、拓展研究。十余年的耕耘，中国语言产业研究院团队在基础理论、行业、区域研究上已有比较多的积累，在国际中文教育和术语资源两个主题上进行了拓展研究；在语言产业的国别比较研究、企业案例研究、政策研究方面，还有待丰富，期待学界、业界同仁共同努力。

《语言产业研究拾贝集》辑录93篇文章，包括论文56篇、报道37篇。论文分为"语言产业""语言行业""语言产品与服务""语言传播"四个专题，内容主要是研究院团队的研究成果，以及《语言产业导论》《语言消费论》的四篇书评。传播载体以《语言文字报》为主，还有《中国社会科学报》《中国财经报》《中国艺术报》等，以及我创办的《语文导报（语言文字工作专刊）》和中国语言产业研究院微信公众号"语言产业研究"。

翻阅这些文稿，读者可以发现语言产业研究逐步走向丰富与深化的足迹。曾有学生问"语言传播"和"语言产业"的关系，是否可以提"语言传播产业"呢？对此，我认为，"语言传播产业"可以提，但要认识到两点：其一，语言传播并不是与语言产业九个业态相并列的行业形态，语言传播产业是多个语言产业业态的综合体，特别是语言教育培训、语言出版、语言翻译、语言会展四个业态的综合体，这四个业态分别对应教育传播、出版传播、翻译传播、会展传播；其二，语言产业作为语言文化建设的一翼，有四项价值目标，包括提升公民和国家的语言能力、构建和谐高质量的社会语言生活、促进语言文化的传承传播、维护国家的语言安全，所以，我们可以将语言传播和文化传播理解为语言产业的一项价值目标。

本书所集文章篇幅小而精练，如同广阔的大海边伴着潮涨潮落、记录时光流转的小贝壳，故将其名为《语言产业研究拾贝集》。拾贝而成之时，又恰在北京的三四月，正是丁香花开的时节。主编李艳教授认为丁香花花瓣虽小，却清香致远，与"拾贝"意境十分相符，因此还希望将本书别称为《丁香集》。

　　星星之火，可以燎原；久久为功，花香自来。是为序。

贺宏志

2024 年 5 月 30 日

目　录

语言产品与服务

语言传播

报道集锦

语言产业

语言也是一门产业——读《语言产业导论》

董 悦

20 世纪以来，语言的文化地位甚至是"本体地位"越来越得到重视，我们开始意识到人类不仅是通过身体感知这个世界，也是通过语言来"触摸"这个世界的，不了解我们的语言及其运行机制就不可能了解我们自己，也不可能了解这个世界。

与此同时，社会开放程度不断提高，社会经济交往日益频繁，语言能力显得越来越重要。而随着信息技术的快速发展，人类应用语言的技术手段也越来越先进，种种社会文化事件表明我们对于语言的应用进入了一个全新的时代。在我们随身携带的手机、电脑里面，语言信息处理技术是其中的一个重要环节。在全球化的进程中，多语能力已成为人力资本的基本内容，许多人会投资语言培训以获得更好的语言能力。人们意识到，语言不仅是一种交流工具，一种文化的载体，语言还有着非凡的经济价值，围绕它有可能会形成一种全新的产业形态。

正是基于这样一种敏锐的认识，北京市语委于 2010 年 9 月率先成立了"北京语言产业研究中心"。经过近两年的考察、研究，他们最近出版了专著《语言产业导论》（以下简称《导论》，贺宏志主编，首都师范大学出版社 2012 年 1 月），作为研究语言产业问题的首部专著，《导论》在相关理论研究的许多方面都是开拓性的。

首先，《导论》具有较高的理论基点和宽广的研究视野。该书对语言产业的研究并非只局限于产业问题和经济问题，而是把它置于国家综合实力、社会文化战略资源的背景中来考察。正如书中指出："语言是民族文化的基本元素，语言是国家的重要战略资源。建设语言文化、发展语言产业切合中共十七大提出的文化大发展大繁荣的战略目标，有助于提升国家和城市软实力，维护国家文化和信息安全及争取国家话语权。"所以，《导论》的作者进一步指出："语言问题不仅是国家的文化问题、教育问题，而且是政治问题、经济问题，同时也构成国家的安全问题、战略问题。"《导论》通过"绪言""语言资源分析"等章节着力奠定了这样一个深广的理论背景。

《导论》首次尝试对"语言产业"这一概念进行分析和界定。书中指出："语言，是一种永远也卖不完的商品。"语言产业现象已经存在于人们的生活中，有产品形态的，也有服务形态的，其历史或长或短，或传统或新兴，如新东方的英语培训及托福考试、GRE 考试、雅思考试，商务印书馆的《新华字典》，奥运会、世博会的各语种翻译，还有近些年兴起的会议速记、取名公司、字形设计，但它们都处于自发的、分散的状态，尚未形成独立的、具有完整体系的产业，"语言"和"产业"两个词近几年才开始联系在一起。正是通过对一系列与语言相关的经济现象的归纳，作者给出语言产业概念的初步界定："语言产业是以语言为内容、材料或是以语言为加工、处理对象，生产出各种语言产品或提供各种语言服务的产业形态。"书中对语言产业的基本要素诸如产品、需求、市场、技术、职业、企业、政策等进行了较系统的理论分析，提出语言内容、语言能力、语言技术三种产业方向，主张语言技术产业将是未来语言产业的主要生长点。这些研究试图为语言产业理论奠定一个清晰的理论框架，无论对它作何评价，它都为下一步的研究提供了一个重要的参考。

《导论》创造性地提出语言产业经济学的设想，并尝试从产业经济学的视角梳理语言产业的相关理论问题。这里面涉及众多的理论探索，诸如语言产业能否成为一个独立而重要的产业形态，它在新型的产业结构中占有什么样的地位，语言产业的结构和组织方式有何特征。书中指出，对语言产业进行定位的复杂性在于它一方面是文化性很强的业态（如语言创意），一方面又是技术性很强的业态（语言信息处理），软性文化与硬性技术的整合是语言产业新型业态的重要特征。

《导论》率先系统地整理出语言产业的 9 个基本业态，它们包括培训、出版、翻译、信息处理、艺术、康复、创意、测评、会展等，并对各种业态在我国的最新发展作了初步调研，而且提供了典型的案例分析。这些内容使读者对语言产业的基本形态、产品内容和市场状况有了一个较为直观的了解。这一部分内容着重呈现产业现状，与前面理论性的内容正相对照，既有理论也有案例，形成一个良好的内容结构，使读者对语言产业有一个全方位的了解。

此外，书中提出的许多观点也是引人思考的。比如，语言产业的发展具有某种"基础性"的地位。由于语言是文化的核心载体，语言在社会文化生活中具有工具性、渗透性，它几乎无所不在，这就导致了语言能力、语言设备和相关技术以及语言服务在社会生活中的基础性和渗透性。这一特点造成了语言产业的发展直接影响到文化产业、教育产业、信息产业等相关产业的发展，进而影响到整体社会文化活动的效率。又如，具有语言学知识和语言信息工程技术知识的综合型人才的培养应该是未来语言产业得以快速发展的保证，这就对相关的人才培养意识和人才培养机制提出了新的要求。

该书毕竟是第一部语言产业方面的专著，其中粗糙不足之处在所难免，有些章节过于简略，有些重要问题未能深入探讨，有些说法还有待推敲。诸如语言产业的经济学分析、语言产业发展的政策环境、语言产品的形态梳理、语言消费等与语言产业相关的概念分析、语言产业的经济贡献度如何计量等重要问题未能进行更充分深入的探讨。但无论如何，它迈出了第一步，这是一个十分可贵的开始。

（作者系北京语言大学教师；《中国图书评论》2012 年第 11 期）

（编者注：此处提到的职务均为时任职务）

大力发展语言产业刻不容缓

李世江

前不久，首届中国语言产业论坛在北京召开。我国语言界的专家学者和语言产业界代表，就中国语言产业的现状、问题及发展战略，语言产业与语言经济、语言文化等方面的关系，展开了广泛而深入的讨论。

语言与经济的关系非常密切。语言产业早已有之，而且与人们的生活息息相关，比如语言培训、语言翻译、语言教育等。随着电脑、互联网等信息技术的快速发展，语音处理、机器翻译、语言康复等许多新兴语言产业也随之产生，而翻译、培训等传统语言产业将会发生革命性变化。语言产业已呈现不可阻挡的发展趋势。

要大力发展语言产业，当务之急是制订国家层面的语言产业发展战略。首先，要增强人们的语言产业意识和语言消费意识。我国语言经济学研究刚刚起步，人们的语言经济意识还比较淡薄。日内瓦大学弗朗斯瓦·格林教授研究指出，瑞士语言的多样性，为瑞士每年创造 500 亿瑞郎的收入，约占其国内生产总值的 10%，瑞士的经济发展与其语言资源联系密切。我国具有十分丰富的语言资源，语言经济发展前景广阔。因此，我们必须树立清醒的语言经济意识，收集语言经济数据，研究语言经济活动，认识语言经济规律，增强语言消费意识，促进语言产业发展。

其次，大力发展语言经济，还要夯实许多基础。比如，因历史原因汉字有简繁之别，在汉语的世界教学中，就要协调好简繁的关系。另外，还要协调普通话与台湾"国语"、港澳的"社区语"和海外的各种"华语"之间的关系，正确认识和理解汉语拼音对学习汉语的作用，等等。只有把这些基础工作做好了，语言经济才有发展的可能。否则，不但语言产业不能发展，反而会带来许多更大的问题。

最后，要加速汉语的国际化进程。在全球化背景下，跨地区、跨国家的经济活动越来越多，培养劳动者的时间越来越长，语言能力在劳动能力构成中的比重也越来越大，从而使语言在劳动能力中占据重要地位。虽然说现在国际上已经掀起了"汉语热"，但在除"大中华"外的其他国家和地区中，汉语的普及推广程度还远远不够。我们要充分抓住世界一体化和信息技术高速发展的契机，加速汉语的国际化进程，创造出许多与汉语有关的工作机会，从而大力发展语言经济。

生态中国已经成为我们下一个奋斗目标。语言产业作为一种文化产业、绿色产业、朝阳产业，顺应了我国产业结构调整的发展需求，将为我们建设生态中国带来意想不到的惊喜。

（作者系《语言文字报》《语文建设》主编；《语言文字报》2012 年 12 月 7 日第 1 版）

语言产业的九种形态

贺宏志

近年来，语言和产业这两个词频繁地联系在一起，形成了"语言产业"这一专门术语。学界和业界一些人士开始关注语言产业，研究并推动语言产业的发展，呼吁国家重视语言产业，建议通过制定语言产业发展战略和语言产业政策、建立语言产业科技园等举措，把自发、分散的相关业态聚集在语言产业平台上，加以培育扶植，产生聚合效应，促其自觉发展。

在《语言产业导论》中，我们将语言产业分为 9 种形态：

一是语言培训业。我国的英语培训市场年产值已达 300 亿元，潜在市场更为巨大。全球英语教育市场，民间培训机构约有 600 亿美元的规模。英国前财政大臣戈登·布朗表示，随着中国崛起为主要市场，出口英语与其教学方法可能很快就会超过金融服务。日内瓦大学弗朗斯瓦·格林教授研究指出，瑞士语言的多样性，为瑞士每年创造 500 亿瑞郎的收入，约占其国内生产总值的 10%。目前，世界上每年有 1800 万母语非西班牙语的人学习西班牙语，与该语言学习相关联的产业产值每年可达 1500 亿欧元。随着汉语学习在国际上不断升温，汉语国际培训已经成为一种必然趋势。

二是语言出版业。语言类的工具书和语言教育类书刊是两大主要类别。英语教材及相关方面的出口收入，现已超过英国的石油和船运收入。戈登·布朗预测，到 2020 年，英国卖到海外的教学产品如书籍与音像品每年可达 100 亿英镑。中国教育图书市场中，英语教材销量增长最快，占图书零售市场 8% 以上。国内影响较大的语言出版机构商务印书馆的《新华字典》发行 11 版，重印 200 多次，发行近 5 亿册。

三是语言翻译业。翻译包括口语翻译、文字翻译、手语翻译与机器翻译 4 种形态。近十多年来，电子翻译产品——电子词典在国内翻译市场占据了重要位置。目前，全球年翻译产值达数百亿美元，美国占 50% 以上，亚太地区占 30% 左右。《中国语言服务业发展报告 2012》显示，从 1980 年至 2011 年，我国翻译企业总数从 16 家发展到 37197 家，2011 年产值为 1576 亿元，比 2010 年增长 26%，预计"十二五"期间将保持年均 15% 的增长速度。2010 年 11 月 30 日，全国首个翻译中心——多语信息产业园在武汉光谷软件园揭牌，国内目前最大的翻译公司——传神联合信息技术公司及 10 多家企业首批入驻。

四是语言文字信息处理业。据中国互联网数据中心预测，未来五年，中文语音技术领域将会有 1300 亿元的市场容量。语音合成技术在文稿校对、语言学习、语音秘书等方面具有巨大的市场前景。国家发展改革委专家组谨慎评估，语音技术在未来 5 年内市场总潜力将有 50 亿元人民币以上，可带动相关产业 500 亿元以上。科大讯飞、北大方正分别是语音信息处理和文字信息处理的龙头企业。

五是语言艺术业。比较典型的有相声、评书、二人转等说唱艺术（曲艺）、朗诵、播音主持、影视配音、书法等，但"语言艺术产业"独立范畴在人们的观念中似乎还未普遍形成。

六是语言创意业。其表现为以语言文字作为产品设计、表达的主要符号。社会存在着大量的取名需求，美国命名公司出现于上世纪 70 年代末，在 90 年代中期以后获得迅猛发展，提供公司品牌名称、产品品牌名称、服务品牌名称、域名、标志语等服务。Rivkin 调查公司跟踪调查结果显示，到 1999 年，美国的所有品牌命名总量为 600 万次，命名公司完成其中的 12%，广告公司完成了 27%，产值总计 150 亿美元，占同时期美国广告业总产值的 6%。命名业成为美国增长最快的新产业之一。其中，Sony、Stylus、Lexus、Acura、Infiniti、Acer、Midea 都是美国命名业为国外公司输出的品牌命名实例，但命名业在我国还处于起步阶段。

七是语言会展业。国际上会展业的产业带动系数大约为1∶9。法语文化区的中心巴黎，迄今已举办30届国际语言博览会；德语文化区的中心柏林，迄今已举办25届国际语言文化展；英语文化区的中心之一伦敦，迄今已举办24届国际语言展。在书法领域，自2010年开始，内蒙古乌海市一年一次举办"中国·乌海国际书法产业博览会"，经济效益和社会效益都较为可观。

八是语言康复业。我国现有60多个国家级语言康复机构，如中国聋儿康复研究中心。全国各大中型医院中，多设有语言康复相关科室。目前，听力语言康复，尤其是聋儿语言康复最为成熟。

九是语言测评业。据统计，全球参加托福考试的人数已超过2500万。近年来中国的语言测评业同样在迅速发展着，如汉语水平考试（HSK），商务汉语考试（BCT），中小学生汉语考试（YCT），全国英语等级考试（PETS），大学英语四级、六级考试，专业英语四级、八级考试，普通话水平测试（PSC），汉语口语水平测试（HKC），职业汉语能力测试（ZHC）等。语言测评业将是一个充满潜力的朝阳产业。

（作者系北京市语言文字工作委员会办公室主任；《语言文字报》2013年1月25日第4版）

解决三个问题，推动语言产业发展

李　艳

作为交际功能的语言，在经济的发展中，产生了新的概念与内涵：语言消费。语言消费是指人们消费语言产品的行为，而语言产品就是以语言内容、语言培训、语言运用和处理作为核心主导要素的产品。

这一界定是在语言产业发展的背景下进行的，以明确语言产品的内涵和外延为基础。弄不清语言产品所指，对语言消费的理解必然含糊不清。在语言产品的内涵上，必须明确"以语言内容、语言培训、语言运用和处理作为核心主导要素"，将其作为判断的标准。把握语言产品的这一特性，才能将语言产品与其他产品区分开来。同时，根据语言产品的特性，人们还可以对语言产品的外延进行清晰划定，避免出现界定狭窄的问题。

在语言产业的视野中，语言消费可以是对语言出版、语言翻译、语言创意等语言内容产品的消费，也可以是对输入法、语音合成技术等语言科技产品的使用，还可以是接受语言培训、语言康复、语言能力测评或对语言艺术的欣赏。

观察和研究一个正在运行的产业，必须关注终端的产品与消费服务状况，必须采用科学的方法对消费者的消费心理、消费行为、消费需求进行有效的统计分析。还需要将数据反馈到产品的生产环节与服务设计上，以提升产品与服务的质量，更好地实现供需之间的对接，满足消费需求，这样的产业运行才算是健康发展。语言产业的运行与发展也是如此，语言消费问题应成为语言产业研究的重要组成部分，从目前来看，需要逐步解决三个问题，才能得到更大的发展。

一是明确语言消费对经济、文化及社会生活发展的重要意义。语言消费直接关系到语言产业的发展，其对于经济的拉动作用已为西方一些国家的经济发展所验证，但在我国，对语言产业的发展及语言消费的重要性认识明显不足，这是制约语言产业发展的重要瓶颈因素。今后，应以政府、高校和相关研究机构为主导，通过会展、论坛以及大众媒体传播等多种方式，增强社会各界对语言消费这一概念的认知，使语言消费步入理性、自觉的社会轨道。

二是建立政府机构和学术机构联合性质的语言消费定期调查机制。语言消费影响、刺激着语言产品生产，推动着语言产业发展，因此，对语言消费的调查统计应作为产业发展链条上的重要环节。科学有效的语言消费调查，是以对语言产业各个业态的清晰界定为前提的。以此为基础，还要解决：对于产品交叉、包含以及伴随式存在的部分如何进行准确测算；对于社会个体与群体的消费行为、消费需求如何进行有效判断；对于语言产业发展中随时可能出现的新业态如何及时进行评定等问题。只有清晰获得语言产业各个业态的信息与数据，才能有效制定推进语言产业发展的政策和措施。

三是建立语言产品质量评价、市场监管及消费引导等规定。在产品特性上，语言产品不同于一般的商品，并且，与文化产品也有一定的差异。与一般商品相比，语言艺术、语言翻译、语言会展、语言创意等语言产品包含更多文化的元素与生产者的创造性工作；与文化产品相比，语言培训更多的是强调标准的执行与服务，语言康复则是与医疗相关联的医疗服务管理。因此，应以明确语言产品与服务的特性为基础，建立不同语言产品与服务的质量评价体系。质量评价是实现有效市场监管的前提，针对目前语言产品供给中存在的一些问题，需要相应建立一定的市场监管机制，确保语言产业的有序发展。在语言消费中，特别是在语言培训领域，存在着一定的盲目消费、从众消费的问题；在语言文字处理产品消费及一些服务行业的语言消费方面，又存在着消费无意识的问题，即消费者对其所消费的产品及自身的权利都处于较为模糊的状态。对此，应进行相应的消费引导，增强消费者的语言消费意识，提高消费者的语言消费能力，从而推动语言产业更好地发展，最终实现生产者与消费者之间的良性互动。

（作者系首都师范大学文学院副教授；《语言文字报》2013年4月26日第4版）

发展语言产业的四个对策

高传智

目前，欧盟国家的语言产业涵盖语言翻译、字幕与配音、语言技术设备研发（包括电子词典、智能翻译系统、会议和电话口译系统、语言培训软件等）。欧盟 27 个成员国，有 23 种官方语言，语言互译的组合将近 400 种，在欧洲委员会及各成员国之间开展的社会、经济、文化、法律等各项事务，都会面临语言交流的问题。因此，语言翻译服务对于官方和民间来说都是必不可少的。几年前，欧盟内部各种语言之间的翻译费用已经超过 10 亿美元，其中口译费用占将近 1/3，一次会议就需要 60 多名翻译进行 23 种语言的同声传译。根据欧盟语言技术中心 2009 年的研究报告，欧盟成员国 2008 年口笔译市场总值为 57 亿欧元，整个语言市场总产值为 84 亿欧元，按照每年的复合增长率为 10% 计算，到 2015 年，欧盟语言市场的产值将达 165 亿欧元。

美国一直都没有"语言产业"（Language Industry）的叫法，但是这并不影响语言文字领域按照自己的市场规律运作和发展。在美国，商业贸易的全球化以及移民热潮使得居民中的非英语人口数量较之上世纪 80 年代增加了 140%。在这一背景下，口译、笔译成为美国 2013 年增长最快、最安全的职业之一。2010 年到 2012 年，美国口笔译行业从业者的平均年薪为 43300 美元。美国劳工统计局发布的《职业前景手册》报告显示，口笔译行业将继续保持良好发展势头至少到 2020 年。

近年来，随着移民数量的继续增加以及旅游市场的扩大，电话翻译在美国迅速发展为年产值数十亿美元的服务业态。以南加州为例，这一区域居民使用的语言达 200 种之多，从医院、银行等民间机构，到警察、救灾等政府部门，传译服务已成了运作中不可或缺的环节。如 Torrance 医院专门设置了 400 部有两个听筒的电话，放置在急症室和病床旁，方便医护人员和不谙英语的病人随时通过翻译公司的电话传译员进行沟通。位于加州的"语言在线"是美国口译市场上的领军企业，拥有 6000 名雇员，能提供 170 种语言的传译服务，2011 年的产值达到 3 亿美元。由于服务供不应求，其在 2013 年还将增聘 2000 名译员。同时，该公司计划与电话公司合作推出新服务，消费者只需按一下手提电话上的键钮，就能直接致电传译员。据统计，目前全美有 2600 家翻译公司，行业每年的营业额达到 30 亿美元。

时下在我国，语言产业还没有正式作为一个产业门类进入国民经济的统计范畴。但值得关注的是，一些以提供语言产品或语言服务为主的业态发展迅速，如语言翻译、语言培训、语言文字信息处理技术等行业。因此，客观来看，语言产业的产业架构已经初步形成，但语言产业存在门类多且界定复杂、发展不均衡、统计较为困难等问题，我们可以从以下方面寻找发展对策：

第一，应对语言产业所涵盖的各个行业进行摸底调查，确定产业基本规模。目前，语言翻译行业发展较为成熟，并且有自己的行业协会，在市场调查、行业评估等方面有一定的基础；语言培训行业规模较大，有自己的行业领军企业，消费者数量庞大。除此之外，其他的 7 种业态都面临亟待进行市场规模调查的问题，这些业态或是边界划分模糊（如语言创意行业、语言艺术行业、语言出版行业），或是处于刚刚起步阶段（如语言康复行业、语言测评行业、语言会展行业），或是自身内部尚需要作进一步细分（如语言文字信息处理行业），各个行业形态特点的差异，无疑会为调查带来一定的难度，但这也是语言产业得以健康发展的必经阶段。

第二，要把握消费者语言需求，结合语言消费调查，合理进行语言产品的供给。语言需求是语言消费的基础，也是语言产品生产与供给的前提。基于对语言需求的认知与把握，语言产品的供给者不断推陈出新，满足并引导语言消费；同时，在语言消费中，消费者也不断产生多元化的语言需求，从而刺激语言产品的生产与供给。一个成熟的产业必须关注终端的产品与服务消费状况，采用科学的方法对消费者的消费心理、消费行为、消费需求等进行有效的统计分析，将数据反馈到产品与服务的设计、生产环节，提升产品与服务的质量，更好地实现供需之间的对接，满足消费需求，推动产业发展。语言产业的发展也应如此。

第三，应建立语言产品质量评价、语言市场监管及语言消费引导等相应规则。应在明确语言产品与服务的特性基础上，建立不同语言产品与服务的质量评价体系；同时，针对语言产品供给中存在的问题，建立相应的市场监管机制，确保语言产业的有序发展。在语言消费中，也存在着一定的盲目消费、从众消费或者消费无意识等问题，消费者对其所消费的产品及自身的权利都处于较为模糊的状态，对此，应进行相应的消费引导，增强消费者的语言消费意识，提高消费者的语言消费能力，从而推动语言产业更好地发展，最终实现生产者与消费者之间的良性互动。

第四，要建立语言产品的对外输出通道，提升我国语言产品以及语言产业的国际影响力。在推进语言产业各个业态均衡发展的基础上，需要着重关注语言会展行业的发展，通过会展这一平台，实现对我国语言产品与服务的集中展示，并借助这一平台，与其他国家的语言企业、语言行业进行交流与合作。目前，我国的语言会展行业尚处于从无到有的起步阶段，可以借鉴柏林和巴黎的语言会展经验，尽快搭建起我们自己的语言产品展示与交流平台。

（作者系中国劳动关系学院副教授；《语言文字报》2014年3月14日第4版）

满足语言需求　推动新旧动能转换
——语言产业的功能及作用

李　艳

一

语言产业是以语言为内容、材料，或是以语言为加工、处理对象，生产出各种语言产品以满足各种语言需求的产业形态。生产、提供同类或相关语言产品或语言服务的组织聚集形成语言行业，不同类型、相互关联的若干语言行业构成了语言产业。是否能够满足某种语言需求，可以作为判断某种产品（服务）是否属于语言产品（语言服务）的标准。

语言需求可以细分为以下 5 种：语言能力提升需求，对应语言培训、语言出版、语言测试等方面的产品（服务）；语言转换需求，对应语言翻译方面的产品（服务）；语言技术需求，对应语言文字信息处理方面的设备、软件等产品（服务）；语言创意与艺术需求，对应命名服务、书法艺术、字体设计等；公共语言产品需求，对应语言学术研究、语言资源整理与保护、语言数据库、语言标准、语言政策等产品（服务）。语言产业可以划分为九大业态：语言培训行业、语言翻译行业、语言出版行业、语言文字信息处理行业、语言康复行业、语言测试行业、语言创意行业、语言艺术行业、语言会展行业。

二

语言产业对经济、文化、社会发展有拉动作用，其功能具体可以分为直接功能和延伸功能。

直接功能包括两个方面：

一是提升语言能力。这是语言教育培训、语言翻译、语言出版、语言测试、语言康复等产品与服务的主要功能。其中既包括提升母语能力，也包括提升外语能力。语言康复服务旨在使需求者获得、恢复正常的语言交流能力；而以拥有正常语言交流能力者为消费主体的语言培训、语言翻译、语言出版、语言测试产品（服务）的功能，在于使需求者拥有更好的语言素质、更强的语言技能，或通过成功的语言转换实现良好的跨语言、跨文化交流。

二是展现语言魅力。这是相声、朗诵、书法、文字创意设计等语言艺术和语言创意产品（服务）的主要功能。例如，命名服务是以语言文字所具有的发音、字形、意境的美感为前提，为机构、组织、产品或者个人取具有识别度、富有个性、意蕴深远、朗朗上口的名字，在展现语言独特魅力的同时，让命名服务的消费者与提供者获得社会评价、经济利益方面的回报。将语言文字作为核心创意元素的饰品、旅游纪念品、工艺品等，也属于语言艺术产品。

延伸功能包括三个方面：

一是经济功能。第一，包括母语和外语在内的语言能力的提升有助于提高人力资本。语言消费者个体的语言技能与工资收入有较强的正相关性，对于一个国家而言，亦是如此。"包括母语水平和使用外语的人数、熟练程度"在内的国民总体语言能力，"是该国人力资本的一个重要组成部分"（黄少安《经济学视野中的语言问题》）；同时，语言能力的提升能够增强不同语言群体之间的经贸往来，降低经济活动协调、管理、信息交流的成本。第二，语言产业发展可以为国民经济创造可观产值。根据估算，我国语言产业中的语言翻译、语言培训、语言出版、语言技术、语言测试、语言康复等6个行业2016年产值合计约为4190亿元人民币，在国民生产总值中的占比为0.56%。第三，窗口服务行业从业者良好的语言服务能力，可以优化顾客的消费体验、增强顾客购买商品的意愿，带动商品的销售。同时，包含语言服务在内的良好的服务能力，也会优化当地的人文形象与环境，有助于促进当地旅游业的发展。

二是文化功能。在语言产品或语言服务中，语言艺术产品本身就属于文化产品；语言技术产品、语言翻译服务等为文化产品的生产与传播提供技术与语言支持；语言教育培训能够潜移默化地影响学习者对这一语言所属文化的整体认知。因此，语言产品与服务所具有的文化功能不言而喻。

语言消费与文化消费、语言传播与文化传播是一个互相促动、循环往复的过程。第一，语言消费有助于拓展文化传播的受众范围。掌握一种语言就是掌握了通往一国文化的钥匙，文化的传播必然是借助某一种语言来抵达其受众的，受众的语言能力影响着文化传播的范围与效果，而对语言产品的消费正是受众语言能力得以提升的重要途径。第二，文化传播有助于增强受众的语言消费意愿。对一个国家的文化或者某一种文化产品感兴趣而开始学习这个国家的语言，在外语学习者中是一个较为常见的现象。实际上，在跨文化消费中也包含着直接的语言消费，例如，对影视剧片名、字幕等语言翻译产品的消费等。第三，受众语言消费意愿的增强以文化传播的拓展与深化为结果。可以说，不论受众是以文化消费为起点，还是以语言消费为起点，在消费过程中，必然都会消费包含语言产品的文化产品（如译制片）或本身就属于文化产品的语言产品（如外语教材），继而产生对与该文化相关的语言或与该语言相关的文化的兴趣及消费意愿，从而形成新的消费循环，如此往复，最终实现文化传播。

三是社会功能。政府作为语言服务的提供者之一，通过普及国家通用语言文字、保护各民族语言文字、完善语言文字规范标准、规范和推广国家通用手语及盲文、推进语言康复治疗技术开发利用等工作，来提升国民语言能力、构建和谐语言生活，这是构建和谐社会的基础。此外，一些语言产品与服务关系到国计民生与社会发展。以语言康复产品与服务为例，目前，我国言语听觉障碍患者数量超过 3500 万，如果每位患者的家庭按 3 口人计算，关涉人群超过了 1 亿。因此，语言康复服务能否及时跟上和满足需求，不仅是医学问题、语言学问题，更是一个社会问题。

三

语言产业在新旧动能转换中有重要的助推作用。新动能和旧动能是相对而言的：新动能，指新一轮科技革命和产业变革中形成的经济社会发展新动力，包括新技术、新产业、新业态、新模式等；旧动能，是指传统动能，涉及高耗能、高污染的制造业，同时覆盖利用传统经营模式经营的第一、二、三产业。

语言产业对新旧动能转换的助推作用可以从以下两个方面来谈：

第一，语言产业属于新动能的构成部分。

语言产业是绿色经济、知识经济，语言会展、语言康复、语言文字信息处理、语言测试等都属于新业态、新经济；其中，以语言智能为代表的语言技术属于新技术。语言产业的发展直接为新动能的壮大贡献力量。

以语言培训行业为例，语言培训业态与其他语言行业相比，具有三个突出特点。一是对其他语言行业的辐射性较强。这是指语言培训行业与语言产业的其他业态具有较强的关联性，且对其他相关业态的发展具有一定的拉动作用，比如为语言培训提供教材服务的语言出版和语言翻译行业。同时，语言测试与语言培训这两个业态关联度较高，在语言消费行为方面互为因果。二是起步较早，体系成熟。作为语言商品的语言培训在改革开放之初几乎是与"英语热"同步出现的，由于市场庞大、利润丰厚、进入门槛相对较低，语言培训行业吸引了众多创业者，到 2009 年左右，我国英语培训的市场总额已经超过 150 亿元人民币，全国注册经营的英语培训机构超过 5 万家。语言培训产品、机构的定位已经较为成熟。从产品定位上看，主要包括留学语言培训、升学和升职类语言培训、商务语言培训、少儿语言培训等，涉及多个语种；从机构定位上看，大型的领军机构主要定位于出国留学培训、商务语言培训，中小型培训机构主要定位于中小学生的汉语及外语培训。三是体量较大，发展迅速。比如，据艾瑞咨询推算，2016 年中国在线少儿英语行业市场规模达到 19.7 亿元，随着用户规模的不断扩大，在线少儿英语教育的市场规模还将有更大发展，预计 2019 年将超过 50 亿元。

第二，语言产业为新旧动能的转换提供支撑和服务。

语言教育培训为新动能发展提供具有较高语言能力的人力资源。语言翻译为科技、经济、人文交流提供支持。语言智能提升城市智慧化程度，为其他新技术、新经济、新业态的发展提供技术服务。

目前，科技部、北京冬奥组委、体育总局等部门围绕 2022 年北京冬奥会的关键科技，联合制定了"科技冬奥"重点专项实施方案，作为国家重点研发计划，从 2018 年至 2022 年，对 21 项科技研发项目进行支持。其中，与语言服务相关的科技项目有"冬奥多语种语言服务关键支撑技术及设备""研制面向残奥运动员服务的手语交互机器人"，旨在研究冬奥场景下多语种语音和语言处理关键技术和手语交互机器人。此外，还规划研究高性能公众服务无线网络、室内外精准定位导引、多语言信息服务、观众服务交互，以及基于"互联网 +"的多业务数据融合技术，构建观赛服务、场馆导览、餐饮服务和移动支付等智慧服务统一 APP 等。面向 2022 年冬奥会的智能语音翻译技术的研发还将与 5G 网络的发展相结合，在 360 度全景直播、VR 沉浸式体验、赛场医疗、智慧城市等智慧程序中嵌入多语种语音翻译技术，实现语言服务在场景、体验等多方面的升级。

（作者系首都师范大学文学院教授、博士生导师，中国语言产业研究院执行院长；《语言文字报》2019 年 6 月 5 日第 2 版）

我国语言产业的发展与前瞻

李 艳

经过多年发展，我国语言产业在经济、社会、文化等方面都起着重要作用。国务院办公厅印发的《关于全面加强新时代语言文字工作的意见》，对开展语言产业学术研究、促进语言产业发展提出了明确要求："加强语言产业规划研究。坚持政府引导与市场运营相结合，发展语言智能、语言教育、语言翻译、语言创意等语言产业。"进入新时代，我国语言产业将加速发展，在加强产业规划研究、深化学科建设的基础上，进一步推动产业升级，切实增强国家语言文字服务能力。

中国语言产业的构成与发展现状

随着以语言资源为基础的语言产品的供需关系逐步形成，改革开放后，我国语言培训、语言翻译等行业率先萌芽并得到迅速发展。此后，语言出版、语言技术、语言测评、语言艺术、语言创意、语言康复、语言会展等行业也相继产生，这些语言行业共同构成了语言产业。在不断满足消费主体语言能力提升、语言转换、语言技术、语言创意与艺术需求及公共语言产品需求的过程中，语言产业实现了自身的创新发展，并在内政、外交、经济、社会、文化的发展中发挥着日益重要的作用。

我国语言产业的各个行业起步有先后，构成与规模不均衡。语言培训、语言翻译行业起步较早，企业数量及整体规模较为庞大，截至 2018 年底，我国以语言翻译为主营业务的在营企业有 9734 家，总产值约 372.2 亿元。语言技术行业后来居上，呈高速发展态势，注册资本量巨大。语言出版、语言测评行业亟待实现自我突破。语言康复行业在功能、性质上具有一定特殊性，国家公共语言服务占比相对较大。语言会展行业尚处于起步阶段，其作为一种社会经济活动，对推动语言产业整体发展有着重要意义。语言创意和语言艺术行业与其他行业融合度较高，产值统计难度相对较大。

根据中国语言产业研究院初步研究，目前，语言产业在国民经济中占比为 1%，2019 年我国语言产业全行业产值达 1 万亿元人民币。

语言产业在新时代将加速发展

语言产业是新兴产业，创新是语言产业发展的精神内核。"新"是语言产业的外在标识，"创新"是语言产业的内在动力。在新一轮科技革命和产业变革中，以新经济为特征的语言产业直接为新动能的壮大贡献力量。

当前，各国争相制定人工智能发展战略和规划，以期在新一轮国际科技竞争中掌握主导权。语言智能被认为是人工智能"皇冠上的明珠"。目前，我国人工智能创业项目中有 10% 以上为语言智能项目，语言智能类专利的申请数量占人工智能领域专利总量的 14%。

经济体系优化升级，提速语言产业经济发展。语言产业主要属于服务产业，并更多地属于高端服务业。作为一个以新技术为重要特征、以高端服务经济为主要内容的产业，语言产业在产业结构、产业关联、产业发展等方面，都与传统产业有着较为明显的差异，知识、信息和智力要素是语言产业实现经济增长的核心推动力。

在国外，英语培训和测评（如 TOEFL、GRE、IELTS）成为美国、英国的重要收入来源。英国文化委员会在 2010 年公布数据，全球约有 20 亿人在学习英语，英语教材及相关产品收入已超过该国石油和船运收入，年均可达 100 亿英镑。推进智能语言翻译行业发展也日趋成为一些国家带动文化旅游、塑造国际形象的重要途径，如韩国平昌冬奥会将智能语言服务作为赛会服务的亮点，着力研发人工智能翻译系统、机器人译员及志愿者等；日本围绕东京奥运会期间"为国外游客提供智能化服务"，开发了多语种语音翻译技术软件、旅游专用语音翻译手机软件、可穿戴式卡片翻译机以及翻译机器人等。

推进语言产业体系优化升级

加强语言产业规划研究，科学制定语言产业发展规划

20 世纪 80 年代末、90 年代初，随着全球化进程的发展，欧美国家从产业角度关注语言技术、语言翻译问题的论述逐渐增多。研究主体以行业协会、语言企业居多；研究对象多为某一具体的语言产品、语言服务，如英国的语言技术中心有限公司发布的《欧盟语言产业规模研究报告》虽然使用了"语言产业"的表述，但主要是对欧盟范围内翻译和多语服务的调查，所对应的实际上仅是语言翻译行业，未涉及我国语言产业研究所涵盖的其他业态。

中国的语言产业研究较之欧美等国，呈现出自身的特色与优势。一是有专门的学术机构对语言产业进行多业态、宏观与微观相结合、理论与实践相结合的研究；二是语言产业研究最初由学界发起和推动，带动了业界、政府部门对语言产业的关注与重视，促进了语言产业的发展，催生了新的语言业态，如语言会展等。

2010 年，北京语言产业研究中心（2018 年更名为中国语言产业研究院，依托首都师范大学）成立，标志着中国语言产业研究进入专门、系统研究时期。2011 年，国家语委在"十二五"科研规划中将"语言经济与语言产业发展战略研究"列为重要科研方向，语言产业研究开始进入国家语言规划。2012 年，《语言产业导论》（贺宏志主编，首都师范大学出版社）出版。这些在中国语言规划史上都有重要的意义，为实现 2020 年全国语言文字会议提出的加强语言产业规划研究的目标要求，做好了充分的准备。

我国学者把握"语言产品""语言需求"两个核心，将以语言为内容、材料或加工、处理对象，生产各种语言产品以满足不同语言需求的业态集合称为语言产业，语言产业各业态之间相互促动、支撑、辐射、融合，共同形成了产业发展的合力；确定语言产业边

界与行业类型，摸清语言产业状况，准确勾勒出庞大的语言市场，并敏感把握技术变革与语言智能前沿，为制定科学的语言产业发展规划奠定坚实基础。可以说，中国学者对语言产业的系统研究具有开创性、领先性。

深化学科建设，培养高端人才，促进语言产业可持续发展

语言产业研究是语言经济学研究深化和发展的重要增长点。语言产业经济学属于产业经济学的分支，介于微观、宏观经济学之间，通过对中观层面经济活动及规律的研究，解决语言产业理论与实践问题、推动语言产业发展，体现了语言经济学深入实践领域的需要。

深化学科建设，须着力推进结构研究与政策研究，前者包括产业机体、产业绩效、产业关联等方面的研究；后者包括国家发展战略中与语言产业发展相关的宏观政策研究及国家、地方语言产业发展对策研究等。如今，已有一批高校启动了语言产业研究、语言经济学、语言智能等方向的博士生培养工作。以科学理念为基础、以先进技术为支撑、以高端人才为根本，建立有效机制，实现相互促进、良性互动，能够有效增强语言产业服务国家与社会的能力。

做好语言产业各业态调查，推动将语言产业纳入国民经济统计体系

目前，国家统计部门尚无专门针对语言产业的统计口径，研究者呼吁将语言产业纳入国民经济统计体系。国家语委 2013 年开始立项支持"语言产业经济贡献度"研究。由于语言产业各业态的构成、盈利渠道、经营方式、供需特点不同，需分别采用测算方法。目前已有一批来自不同基金资助的在研项目，形成了若干研究成果。中国语言产业研究院团队先后对九个语言行业进行了两轮调查和业态专题研究，受国家语委委托，正在研制首部《中国语言产业发展报告》。

在区域发展中，语言产业经济学研究要助力新旧动能转换、新经济与新业态发展，并通过语言产业相关业态的发展，为深化语言文化认同、构建和谐语言生态服务。近年来，两会上关于发展语言产业的议案、提案频频出现。随着社会各界对语言产业的关注度越来越高，各地关于语言产业发展规划与策略的研究也越来越多。

总之，语言产业因其文化、经济功能及由此产生的对社会发展、意识形态等的影响，可以使国家的软、硬实力相互结合与转化，在国家战略发展中意义重大。

（作者系首都师范大学文学院教授、博士生导师，中国语言产业研究院执行院长；《语言文字报》2022 年 2 月 16 日第 1 版）

新经济时代背景下发展语言产业的思考

李 艳

当前，人类经济发展史已经从农业经济时代、工业经济时代进入数字经济时代，在这一新经济时代，科技作为生产力成为推动经济发展的关键杠杆。

变革过程中，一个特别值得关注的问题是语言产品已经成为个体和社会生活中的"必需品"。从供给角度看，劳动者的语言知识、语言技能作为人力资本以多种形式参与生产资本的运行，语言资源同时作为加工对象和生产资料发挥作用；从需求角度看，在个体的人生体验中，习得语言、获得语言能力是社会生存的必要条件；不断提升语言能力，表达的是对更美好的物质生活和精神生活的内在追求。

随着以语言资源为基础的语言产品的供需关系逐步形成，语言产业应运而生。语言产业在不断满足消费主体语言能力提升、语言转换、语言技术、语言创意与艺术需求及公共语言产品需求的过程中，实现着自身的创新发展，并在国家内政、外交、经济、社会、文化的发展中发挥着日益重要的作用。

可以说，语言产品的设计、生产、流通、消费，是为了满足个体、社会和国家的语言需求而进行的，是为个体、社会的语言生活服务的，同时，该过程本身也是国家语言生活的一部分。

在这一社会背景下，如何更准确地把握语言产业与语言生活之间的关系，如何推动语言产业更好地服务语言生活需求、提升语言生活品质、丰富语言生活内涵，是亟待深入探讨的课题。

语言产业的内涵与外延

语言产业是由提供语言产品与服务的若干行业所构成的、以满足消费者的语言需求为供给目标的产业。

2010 年，北京语言产业研究中心（2018 年更名为"中国语言产业研究院"）的成立，标志着我国语言产业研究进入专门、系统研究时期。经过十年的积累，语言产业研究的学科轮廓、理论脉络逐渐清晰。

对语言需求、语言产品、语言供给、语言消费等四个基本范畴的分析，是界定语言产业内涵与外延的基础。语言需求指对语言产品的消费需求，是语言消费行为产生的动因与基础，也是语言产品生产与供给的前提，包括个体的语言需求和群体的语言需求。语言产品是语言产业概念的一个关键点，能否满足某种语言需求，可作为判断某种产品是否属于语言产品的标准。语言消费首先是指对隶属于语言产业的各行业提供的所有语言产品与服务的消费，同时，也包括对非营利性质的机构所提供的公共语言产品、对窗口服务行业所提供的伴随式语言服务的消费。语言供给指对语言产品与服务的供给，即语言产品与服务的生产者、提供者在一定时期内，有意愿且有能力供应的产品与服务的数量、方式及相关状况。

在我国，语言产业的各行业起步有先后，构成与规模不均衡，各自面临的问题也不同。其中，语言培训、语言翻译行业起步较早，企业数量及整体规模较为庞大；语言技术行业后来居上，呈高速发展态势，注册资本量巨大；语言出版、语言测评行业亟待实现自我突破；语言康复业在功能、性质上具有一定的特殊性，国家公共语言服务占比相对较大；语言创意与语言艺术行业与其他行业融合度较高；语言会展业尚处于起步阶段。

语言生活的定义

语言生活是运用、学习和研究语言文字、语言知识和语言技术的各种活动。语言生活是社会生活的重要组成部分，语言生活的文明、健康程度，不仅反映着，而且决定着社会生活的文明程度。健康、文明的语言生活，是以社会的语言文化水平为基础的。李宇明教授认为：语言生活的质量，影响、决定着个人的生活质量；语言生活的和谐，关乎社会和谐和国家的稳定与发展；处理好母语与外语的关系、普通话与方言的关系、民族语言之间的关系，社会语言生活才可能和谐。

以2005年首部《中国语言生活报告》的出版为发端，在此后的10余年中，逐渐汇聚了一批关注语言生活现象、研究语言生活问题的学者，这一学术群体被称为"语言生活派"。

2016年，在时任北京市语委办主任贺宏志研究员的推动和组织下，首部《北京语言生活状况报告》出版，这是我国首部地域版、也是首部城市版的语言生活状况报告。2018年之后，《广州语言生活状况报告》《上海语言生活状况报告》《粤港澳大湾区语言生活状况报告》相继出版。

2017年，笔者开始承担第二部《北京语言生活状况报告》的主编工作，在策划选题的过程中，逐渐明晰了这一思路：语言使用者的行为方式、特征及其面临的新问题、提出的新需求、创造的新现象，都是语言生活的组成部分。

语言使用者即语言的使用主体，其涵盖所有人，每个人都是某种或某几种语言的使用者；除了个体，语言使用者还包括政府机构、企事业单位、社会团体及各类社会机构、社区，不仅如此，国家也属于语言使用者。

语言的使用主体可以从不同角度进行分类，根据各主体的核心需求，"顺藤摸瓜"，就会发现亟待关注的语言生活相关问题：根据年龄，可以分为学龄前儿童、青少年、中年和老年群体；根据行业，可以分为提供语言产品的行业和提供窗口服务的行业；根据母语，可以分为母语为汉语（包括普通话、方言）、中国少数民族语言的主体，以及母语为其他语种的主体。

简而言之，语言生活包括国家的语言生活和个体的语言生活，与语言相关的生活行为基本上都可以归入语言生活，与国家与个体的语言使用相关的问题基本上都属于语言生活问题。

因为社会生活在不断地发展变化当中，围绕语言使用所产生的新问题、新现象与新需求也层出不穷，因此，语言生活如江河之水，始终在奔腾前行之中。语言生活是鲜活的、变动不息的，这也相应决定了语言产品与服务的基本走向。

语言产业与语言生活的互动关系

语言产业既是语言生活的组成部分，又是为满足国家和个体语言生活需求提供产品服务的支撑系统。

首先，语言产业是满足语言生活需求、提升语言生活品质的重要支撑。如果说"语言文字、语言知识、语言技术"可以看作是语言生活的内容，"学习、运用、研究"作为语言生活的行为方式，那么，每一种生活方式都需要借助特定的语言产品来实现。

因此，我们可以这样对语言产业进行表述：语言产业是对语言文字、语言知识、语言技术等进行开发，生成各类语言产品，以满足各种语言生活需求的行业集合。关于语言学习：语言文字、语言知识、语言技术的学习，需要以语言培训、语言翻译、语言出版等语言产品为基础。关于语言运用：在"学习"的基础上，形成支撑"运用"的语言能力。关于语言研究："研究"既可以视为更高层级的"运用"，也可以作为推动"学习""运用"不断实现"螺旋式上升"的动力来源。语言产品参与"学习""运用""研究"的全过程，确保这一过程的顺利进行，并推动语言生活行为的升级发展。

以"'京疆情'推普帮扶公益活动"为例，通过该公益活动，我们可以归纳出脱贫攻坚中语言产品的供给策略：一是一对一帮扶，制定个性化语言能力提升方案；二是利用新技术，实时反馈效果，增强学习者的信心；三是选择最佳传播者，与学习者能够建立情感上的互动交流、工作上的有效分享，最终达到超乎预期的学习效果；四是深化语言文化认同，铸牢中华民族共同体意识。

由此引发的进一步思考还包括：无论是在脱贫攻坚还是在乡村振兴中，都需要将国家语言战略与个体语言生活需求有机结合起来，使个体在理解国家政策的基础上，将国家的语言政策与规划内化为自身的语言生活需求与消费行为；同时，语言产品的供给者需要深入调查、科学分析消费者的消费动机、需求变化等，相应有效进行产品的研发与供给。

其次，语言产业是社会语言生活的重要构成部分。语言产业是为语言生活提供支撑的服务系统，涉及为满足语言生活需求所进行的语言产品生产、流通及消费，在形式上，主要体现为语言经济生活，但同时，又与语言文化生活、语言政治生活根脉相通。因此，可以说，语言产业是社会语言生活的重要构成部分。

随着对语言资源经济属性认识的不断深入，语言产业在语言资源保护、传承以及相关产品研发、传播中的重要功能日益显现。语言产业在满足人们日益增强的语言需求、提高国民语言能力的同时，也不断提升自身在国民经济发展中的贡献率。根据中国语言产业研究院的研究，北京语言产业在地区国民生产总值中的贡献率达到了5%。

最后，语言生活的消费升级是语言产业创新发展的内在动力。新经济催生了新的消费需求和消费对象、推动了新型消费主体的形成，也带来了生产力和生产关系的变革。同时，新经济还促使消费需求趋于个性化、多元化，人们对产品和服务质量的要求不断提高，供给端满足个人定制式消费需求的意识与能力也不断增强。并且，新经济改变了供需双方之间的关系结构，新技术的发展与应用，使劳动者可以拥有更多从事消费活动的自主时间。互联网、搜索引擎等产品与服务使消费者可以更为便捷地获取到丰富的信息，削弱了产品生产者、销售者原有的信息优势，改变了消费者在购买过程中的信息相对弱势地位。

在这一背景下，语言生活消费升级的内在需求也不容忽视。这种来自消费终端的推动力，促使语言企业不断在产品创新方面加大投入。生产技术的创新有助于供需关系实现良性循环：供给能力的增强（如科教文卫产品满足需求能力的增强），推动了国民综合能力的提升，更多有着高要求的语言消费者进入市场，刺激了新消费需求的产生、升级了原有的消费需求；消费需求的增强、消费结构的高级化，又会增强供给者进行技术创新的动力，增加新技术研发的投入；高质量的新产品不断推出，进一步推动了消费结构升级。

结语

国务院办公厅《关于全面加强新时代语言文字工作的意见》在"研究制定国家语言发展规划"部分明确提出要"加强语言产业规划研究。坚持政府引导与市场运营相结合，发展语言智能、语言教育、语言翻译、语言创意等语言业态"。

如何做好国家和各区域、各地市语言产业发展规划，如何通过将语言产业发展与经济、文化、社会发展有效对接，使语言产品更好地服务于国家和国民语言生活需求，更好地满足人民对更美好的语言生活的追求，更好地助力和谐语言生活的构建，是产学研各界需要不断深入思考的问题。

（作者系首都师范大学文学院教授、博士生导师，中国语言产业研究院执行院长；《中国财经报》2023年3月27日网刊）

语言产业视角下的语言职业

张靓雨　李　艳

职业，指个人所从事的服务于社会并作为主要生活来源的工作。中国职业规划师协会认为"职业＝职能＋行业"。我们可以将职业界定为从业人员为获取主要生活来源所从事的社会工作类别。

1999 年，第一部《中华人民共和国职业分类大典》颁布，基本建立了适应我国国情的国家职业分类体系。随着新经济、新技术、新产业、新业态的发展，新职业、新工种不断涌现。为准确、全面、客观反映现阶段我国的社会职业状况，《职业分类大典》经过了2015 年、2022 年两次修订。

职业分类是国家经济社会发展状况的"晴雨表"，是产业转型升级发展的"风向标"，同时，也是新型人才培养体系构建的"信号灯"。目前，对职业的研究集中体现在对国际职业分类的研究。在此基础上，亟待深入开展对于"语言职业"的研究，因其直接关系到国民语言能力、语言文化素养的提升，关系到语言相关人才的培养以及国家语言产业的高质量发展。

一

语言职业，是以参与语言产品与服务供给作为生活来源的社会工作类别。

产业与职业密切关联，新的产业会造就新的职业。第一，因产业结构升级应运而生的高端专业技术类职业，如人工智能、物联网、大数据、数据安全等工程技术人员，以及数字化解决方案设计师、信息系统适配验证师、数据库运行管理员等数字经济、数字产业发展中催生的数字职业。第二，新技术的运用给传统职业注入新元素，如无人机驾驶员、城市管理网格员、电子商务师等。第三，信息化的广泛应用不断衍生出新职业，如数字化管理师、网络安全管理员、网络信息审核员、数据安全管理员等。第四，现代服务业的快速发展孕育出新职业，如人工智能训练师、全媒体运营师、连锁经营管理师等。第五，对美好生活的多元需求派生出新职业，如职业培训师、家庭教育指导师、研学旅行指导师等。

新的职业类型中，有的包含语言职业，如在线语言学习服务师、语言培训师；有的需要依靠伴随式语言服务来完成其职业服务，如网商、直播销售员、民俗管家、健康照护师以及各类咨询师、指导师。当前，开展细致、深入的语言职业研究，有着十分重要的现实意义。

一是助力语言职业培育，服务社会需求。经济社会的发展对从业者的语言能力提出了新的要求，语言产品是每个人的生活必需品，人人都是语言消费者，人们的语言消费需要多样化的、高质量的语言产品。只有积极发展语言职业，才能适应和满足社会需求。

二是探索语言职业发展趋势，为人才培养、就业创业、职业培训提供参考。劳动力市场和职业研究是职业教育培训研究的基础。研究语言职业，有助于完善包括职业分类、职业标准、职业教育培训、职业资格认证、职业指导服务在内的全社会职业发展服务体系。

三是服务语言产业人力储备，为语言产业发展提供足量、优秀的人力资源。当一个产业发展到一定程度，就会对相关职业人才的数量和质量产生迫切需求，而能否拥有一批优秀的职业人才是该产业繁荣兴旺的关键。语言产业的发展，会吸引大量优秀人才汇聚，同时，高质量人才的加入也是推动语言产业可持续发展的重要基础。

二

衡量、判定一个职业为语言职业，主要依据两点。第一，职业所提供的产品或服务用以满足人们的语言需求，也就是工作成果是语言产品，其呈现形式是语言（包括文字）或综合性的语言产品；

第二，工作成果虽然并非语言产品，但其工作方式依赖语言表达，包括口头的和书面的。符合第一点的职业是典型的语言职业，如语文教师、外语教师；只符合第二点的可能是准语言职业或伴随语言服务的职业，前者如教师（不含语言教师），后者如医师（提供医疗语言服务）。

以此考察，《职业分类大典（2022 版）》涉及的典型语言职业有三种情况：

一是根据职业术语可归为语言职业的。听力师、助听器验配师、听觉口语师、播音员、节目主持人、翻译、手语翻译、篆刻家、书法家等 9 个职业可以直接认定为语言职业。文学作家、曲艺作家、曲艺演员、文字记者、文字编辑、校对员、打字员、速录师、密码工程技术人员、密码技术应用员等 10 个职业，还需作进一步考察。这些职业分布于专业技术人员、办事人员和有关人员、社会生产服务和生活服务人员三个大类中的七个中类（工程技术人员、文学艺术体育专业人员、新闻出版文化专业人员、行政办事及辅助人员、信息传输软件和信息技术服务人员、文化和教育服务人员、健康体育和休闲服务人员）。

二是内含在现有职业分类中的语言职业。主要有以下 12 个：文学艺术学研究人员中的语言学研究人员，人工智能工程技术人员等数字职业中包含的语言智能工程技术人员、人工智能 / 语言智能训练师，教学人员中的大学语文教师、大学外语教师、中学语文教师、中学外语教师、小学语文教师、小学外语教师，电影电视演员中的配音演员，职业培训师中的语言培训师，在线学习服务师中的在线语言学习服务师。这些职业分布于专业技术人员、社会生产服务和生活服务人员两个大类中的七个中类（科学研究人员、工程技术人员、教学人员、文学艺术体育专业人员、信息传输软件和信息技术服务人员、租赁和商务服务人员、文化和教育服务人员）。

三是根据语言产业行业分类和产品细分，整合现有职业分类中的相关职业而成的语言职业。主要有以下 10 个：自然语言处理软件工程技术人员、语言数据工程技术人员、输入法专业技术人员、字库专业技术人员、字符形体设计师、语言康复诊疗师、广告文案设计师、语言景观设计师、语言文创产品设计师、语言会展专业人员。这些职业由分布于专业技术人员、社会生产服务和生活服务人员两个大类中的七个中类的相关职业整合而来。

2022版《职业分类大典》涉及的准语言职业主要有：语文教师、外语教师以外的其他各级各类教学人员；人力资源专业人员、人力资源服务人员、教育服务人员中的相关职业可视为准教师职业，职业术语中往往有培训师、指导师、咨询师称谓；心理治疗技师；心理咨询师；秘书（文秘）；礼仪主持人；讲解员；导游；从交通行业服务员、乘务员职业中分出的交通行业播音员职业或岗位、工种。这些职业虽然不是典型的语言职业，但相比纯伴随式语言服务的职业，其工作方式对语言的依赖度要高得多。

公共事务语言服务、医疗语言服务、法律事务语言服务、商务等其他行业语言服务所涉及的职业分布在第一大类"党的机关、国家机关、群众团体和社会组织、企事业单位负责人"，第二大类"专业技术人员"，第三大类"办事人员和有关人员"，第四大类"社会生产服务和生活服务人员"的众多职业中。第四大类服务人员包括15个中类、96个小类、356个细类职业，其中的生活服务人员关联职业，或多或少都有伴随式语言服务，其工作方式虽然需要以语言为辅助工具或手段，但其工作成果并非语言产品，针对的不是语言消费行为，不是为了满足语言消费需求，而是其他方面的消费行为和需求。

三

《职业分类大典》虽较为全面地囊括了我国现有的职业，但职业是随着生产力发展和社会劳动分工的变革而不断变化的，因此需要通过年度补充发布和周期性修订来更新完善。就语言职业来说，还有一些问题值得进一步探讨。

现实生活中或事实上已经存在的语言职业，《职业分类大典》尚未收录或未予明确。如国际中文教师、少数民族语文教师、方言培训师、盲文翻译、字幕翻译、语言测试师、命名师、朗诵家、语音标注师、新闻发言人、形象代言人、谈判专家、解说员等。语言研究领域，除了语言学研究人员外，还有语言标准研究人员、词典编撰专业人员、语言规划专业人员等。其中，新闻发言人、形象代言人、谈判专家、解说员属于准语言职业，其他均为典型语言职业。

以解说员为例，我国的体育实况解说可追溯至1951年，电子竞技解说员现在也已进入人们的视线。解说员与主持人、播音员有区别：播音员是以稿件为主要依据进行有声语言创作，解说员需要具备专业领域知识和随机应变能力；与主持人相比，解说员需要更多项目专业知识而非播音知识作支撑，且对形象无严格要求。再如语音标注师，其通过标注方言语音，让人工智能机器更好地学习识别方言，达到可用方言与机器进行对话的目的，应用场景涵盖输入法、智能客服、无人驾驶、智慧城市、智慧金融、智慧零售等诸多领域。

此外，网络空间中的语言产品、语言服务孕育了相应的语言职业，网络语言人才应运而生，如网络流行语汇创作人员、网络相声小品演员、软件和网页界面语言景观设计师、网络符号周边产品设计师、网络主播、网络陪聊员等。语言职业的健康发展有赖于语言职业体制（职业意识、职业标准、职业教育、职业认证）的系统化建设与逐步完善。

（张靓雨系首都师范大学文学院、中国语言产业研究院硕士研究生；李艳系首都师范大学文学院教授、博士生导师，中国语言产业研究院执行院长；《语言文字报》2023年7月12日第2版）

语言消费与语言规划——读《语言消费论》

黄阳辉

李艳教授所著《语言消费论》（语文出版社，2022年4月出版）是国内外系统探讨语言消费问题的首部学术论著，对我们深入理解语言生活、语言产业、语言经济大有裨益。这本书特别在认识语言消费与语言规划及其互动关系的问题上，给笔者以启示。

一

语言消费是指人们消费语言产品的行为。以语言本体、语言运用和处理作为核心主导要素的产品都可以被认为是语言产品。语言消费包括语言出版、语言翻译、语言创意等语言内容产品的消费，使用字库、输入法、语音合成技术等语言科技产品的消费，还有接受语言培训、语言康复、语言能力测评服务以及参加语言会展、欣赏语言艺术等。

我们每一个人都是语言消费者。语言消费对于个体的生活、学习、工作发挥着重要的作用；在国家层面，语言消费对于国家内政、外交、经济、社会、文化也发挥着不容忽视的重要作用。语言消费研究的纵深发展带动语言产品供给与需求研究的逐步完善，在语言消费问题上形成对语言产品供需之间的综合分析与有效衔接，进一步促进语言产业的发展。语言产业各业态的语言消费问题都具有不同的特点，语言消费为语言产业的深入研究提供了内生动力。

《语言消费论》以语言消费这一核心概念与现实的语言生活背

景为基础，从个体语言规划、家庭语言规划和国家语言规划三个层面，探讨了语言消费与语言规划之间的联动关系，进一步提出如何增强语言消费意识和树立语言消费观，并实施语言消费行为。

语言规划既是政府或学术权威部门为特定目的对社会语言生活及语言本身所进行的干预、调整和管理，也是每个人、每个家庭、每个社区都要主动进行的"自下而上"的社会行为。语言规划与语言消费是互相影响、互相作用的关系。一方面，语言规划会产生较为稳定的语言需求，对语言消费行为具有引导作用，有利于增强语言消费意识与树立语言消费观；另一方面，语言消费中存在的盲目消费、无意识消费、从众消费等问题，会促使语言规划作出相应的调整，从而增强人们的语言消费意识，提高其语言消费能力。

二

语言消费与个体语言规划

个体的语言规划直接影响个人的语言消费意识与语言消费观。个体的语言规划具有年龄阶段特征，人在不同的年龄阶段具有不同的语言需求。

童年阶段的语言规划，主要由父母的语言消费意识引导。人在童年时期语言消费意识相对较弱，父母的语言消费意识较大程度地影响着个人的选择；少年和青年的语言规划与童年的语言规划有相似性，也有独特之处，体现在自主选择性上，即逐步形成自身的语言消费意识与语言消费观；中年和老年的个体语言规划较之前三个阶段更为稳定。《语言消费论》把语言消费分为基本语言消费、中端语言消费、高端语言消费三个层次。基本语言消费是为了保持与获得基本语言能力，中端语言消费是为了深化语言技能以获得相应的人力资本与经济地位，高端语言消费对应的是差异化的语言需求。

在个体语言规划层面，语言消费应与不同年龄阶段的特征结合。童年阶段，父母要结合孩子的个性特点与语言学习兴趣对其语言消费行为进行整体把握；少年和青年阶段，个体要结合自身发展，细化自身的语言需求，参照不同个体的发展经验，明晰语言学习目标，有针对性地进行语言消费；中年和老年阶段，要利用这一年龄阶段语言规划所产生的语言需求的相对稳定性，形成消费习惯和语言消费的惯性。

语言消费与家庭语言规划

家庭语言规划是微观层面、家庭场域的语言规划，指的是影响家庭内部成员语言使用的相关计划、理念等。语言消费与家庭语言规划的作用主要体现在三个方面：父母的语言消费意识、孩子的语言学习与老人的语言学习。

首先，父母的语言消费意识在家庭语言规划中具有引领作用。父母是家庭语言规划的主体之一，父母的语言意识决定其家庭语言规划和家庭内部的语言实践行为，他们最终会直接影响孩子对某一语码的掌握和使用。其次，孩子的语言学习所产生的语言消费是动态变化的过程。未成年时，孩子的语言意识不足；成年后，孩子有了自主的个体语言规划，会逐步具备自身的语言消费意识。最后，家庭中老人的语言规划包括普通话学习、外语学习，还涉及语言康复。

在家庭语言规划层面，应充分考虑父母、孩子、老人的语言消费需求。家长应当把握孩子语言发展和语言习得的关键期，为孩子的语言学习制订科学的语言规划，结合孩子语言学习的特点，明确语言需求，选择相应的语言产品，进行合理有效的语言消费。

孩子未成年时，父母要充分尊重孩子的学习意愿，不盲目地、从众地、随意地给孩子安排外语学习；孩子成年后，有了自己的个体语言规划，家长应充分尊重孩子自身的语言消费需求。个体应根据自身语言发展规划，相应地选择语言产品满足自身个性化的语言需求，树立有利于自身发展的语言消费观。

老人进行语言学习时要知晓推广普通话和满足特殊人群语言文字需求的国家语言规划服务，享受"语言福利"，也要树立科学合理的语言消费观，选择符合自身需求、能解决实际语言问题的语言产品。

语言消费与国家语言规划

《语言消费论》关于国家层面的语言消费，探讨了城市语言规划、国家形象塑造、两个共同体意识等方面语言规划与语言消费的关系。

城市语言规划涉及城市语言沟通与服务、城市文化风韵塑造、城市应急语言服务等问题。城市语言沟通与服务指提供公共语言产品，以帮助消除语言障碍、满足语言学习需要及咨询语言政策的需要等；城市文化风韵塑造主要涉及语言资源开发与保护、城市语言景观建设、语言艺术产品等；城市应急语言服务包括维持语言交流畅通、进行语言抚慰与语言监测等。城市语言规划应提高城市公共语言服务水平，开发语言资源，培育语言消费新增长点，重视城市语言景观的规划与建设，开发应急语言服务产品，强化应急语言技术，培养应急语言服务人才。

国家形象塑造是国家语言规划中的重要内容，主要有公共语言服务、语言文化认同和语言文化产品三个方面。以公共语言服务为例，我国承办的大型国际赛事和大型国际会议对语言产品与服务的需求量巨大，语言消费需求具有多样化、个性化、独特性、国别性等特征。在分析语言需求时，应当形成系统、全面、科学的分析方法，注重在语言服务标准化、新技术研发、人才储备、语言环境建设等方面拉动语言消费，强化跨文化消费意识，增强受众的语言消费意愿。

在两个共同体意识的建构中，铸牢中华民族共同体意识方面有"京疆情"推普帮扶公益活动等，探索如何将语言规划、语言消费研究与国家发展大局、国家语言战略结合起来；构建人类命运共同体方面，可以从中国与世界的关系出发，以"一带一路"建设中的语言消费研究为问题导向，探讨语言经济生活对于国家的意义。

语言规划要顺应时代要求，在国家的发展中满足语言消费需求。要细分语言市场，对语言消费主体、语言消费需求、语言产品与服务形成合理的供给对策，让语言规划、语言消费更好地服务于国家战略。

三

语言消费研究的推进对于提高语言产业服务个体需求、家庭需求与国家发展大局的能力和水平具有重要意义。语言规划在细化和敏锐把握语言消费需求方面提供更具针对性的指引，将促使语言产品的有效供给更好地实现。在语言消费与语言规划循环互动的关系中，语言产业持续发展，服务国家语言战略。

（作者系首都师范大学文学院、中国语言产业研究院硕士研究生；《语言文字报》2022年8月31日第2版）

重视语言消费问题，提升语言消费意识
——评李艳教授《语言消费论》

何 伟

语言消费包括了以语言产业为供给主体的典型性语言消费和以窗口服务行业为供给主体的伴随式语言消费。此外，还涵盖了对以政府、非营利性质的科研院所、社会公益机构为供给主体的语言政策、语言文字规范标准、语言教育、语言数据、语言康复等服务的消费，这一类消费可归入典型性语言消费。

从研究的视角来看，语言消费是什么？为什么要深入研究语言消费？如何有效开展语言消费研究？这些问题是语言产业、语言服务研究领域亟待关注与思考的，也是与语言规划、语言战略、语言政策等领域的研究密切相关的。

打开李艳教授所著《语言消费论》（语文出版社，2022 年 4 月出版），首先映入眼帘的是李宇明教授为该书所作序言的标题——"十年磨一剑"。李艳教授 2012 年开始从语言产业及产品供需视角来探讨语言消费问题，从她的研究中可以看出：2010 年以前，国内外对语言消费问题尚未开始系统研究，"究其原因，一是学界对语言产品的界定、特性的认识随着语言生活与经济行为的互动发展在不断完善中，相应影响到'语言消费'问题的研究进程；二是'语言消费'行为有较强的渗透性，难以切分、剥离，给测量与分析带来了困难；三是'语言消费'作为其他消费的基础，其消费动机、行为较之物质产品及其他文化产品的消费更为复杂"。

与研究的困难并存的是开展语言消费研究的迫切性，因为毫无疑问的是：语言消费与每个人的社会化生存密切相关，个体、群体乃至国家的语言需求是客观存在的。"语言消费不仅关系着整个社会的语言生活质量，也直接影响着文化的传承与传播，并直接或间接对经济发展产生影响。"

在此背景下，以中国语言产业研究院团队为代表的语言产业研究学者们，特别是李艳教授通过连续十年的关注与探索，对与语言消费相关的这些问题进行了深入思考，从产业经济学的角度，关注终端产品与服务的消费状况，对语言产品消费者的消费心理、消费行为、消费需求等进行了有效的统计分析，以实现语言产品供需之间的对接，推动语言产业发展。

从逻辑思路来看，《语言消费论》一书从"理论思考"开始，对语言消费的基本理论问题和研究框架问题进行了阐述；在此基础上，结合"一带一路"建设中的语言消费需求进行了具体分析，并选择语言培训、语言康复这两个在国民、国家语言能力提升中肩负重要功能的业态进行了重点分析；接下来，通过区域研究、国别研究部分，呈现出不同区域、不同国家语言消费的状况与特点；在拓展研究部分，对语言消费的重要功能进行了延伸思考，呼吁社会各界提高对个体与国家语言能力提升、国民语言文化素养培育、和谐语言生活建设、国家文化软实力建设中的语言消费问题的重视；最后，在趋势研究部分，作者从人类共同面临的应对重大灾害、消除贫困、构建合作共赢的新型国际关系等视角，对语言消费的新需求与供给策略进行了思考。

作为国内外第一部系统研究语言消费问题的专著，《语言消费论》一书将理论研究与实践分析相结合、核心问题与拓展思考相结合、现状研究与趋势探讨相结合，多视角、全景式地展现了语言消费与语言产业、社会生活、区域发展、国家形象以及人类命运之间的密切关系。作者强烈的学科使命感、服务国家与社会的学术责任感也跃然纸上。

相信《语言消费论》一书对于推动语言消费研究的深入开展以及语言产业经济学学科的建设将会发挥重要的作用。

该书作者认为"语言产品是社会生活中的必需品"，也希望更多的消费者意识到自己是语言消费者，实现对语言消费行为的合理规划，成为理性的语言消费者。通过全社会的共同努力，推动语言产品生产与消费的良性互动，构建和谐有序的语言生活。

（作者系中国传媒大学研究员；《中国财经报》2022 年 9 月 5 日第 8 版）

语言是重要战略资源——读《语言消费论》

戈兆一

个体的语言消费，古已有之。以"卖字"为例，清代郑板桥自订《润格》（即收费标准）云："大幅六两，中幅四两，小幅二两，书条、对联一两，扇子、斗方五钱。"信息化时代，同样是语言消费，同样是"卖字"，据某字体版权公司官网报价，购买郑板桥体字库"全媒体商业发布"授权的价格为2万元/年。从"买幅字"私人典藏到"买字库"全媒体发布，不仅是价格、应用场景的简单变化，显而易见，数字化时代，"买字"的语言消费背后，呈现的是一幅宏大辽阔的语言经济生活图景。这正是《语言消费论》（李艳著，语文出版社2022年4月出版）一书的学术指向。

"语言消费是指人们消费语言产品的行为，那些以语言本体、语言运用和处理作为核心主导要素的产品可被认为是语言产品，包括语言出版、语言翻译、语言创意等语言内容产品的消费，使用字库、输入法、语音合成技术等语言科技产品的消费，接受语言培训、语言康复、语言能力测评服务以及参加语言会展、欣赏语言艺术等综合语言产品的消费。"作者在书中提出"语言产业经济学"概念，认为有必要在产业经济学视野下，建立语言产业经济学研究的理论框架。

全书按照语言消费理论思考—业态分析—区域研究—国别研究—拓展研究—趋势研究的思路渐次展开，将语言消费置于行业、区域、国家、全球化的背景中来考察。其中，业态分析选取覆盖面最广的语言培训和关乎国民语言能力的语言康复两个业态；区域、国别研究中，涉及"一带一路"，粤港澳大湾区，美、英、俄等区域（国别）语言消费实证研究，并进行城市语言环境塑造与国家形象塑造中的语言消费问题拓展研究。

我们每个人都是语言消费者。语言既是民族文化的基本元素，又是国家的重要战略资源。该书观照语言消费个体与国家的语言能力提升、国民语言文化素养培育、和谐语言生活建设和国家文化软实力建设等问题，探讨语言消费问题及相应的供给策略，并在此基础上引出"语言消费新问题、新趋势与供给策略"更高维度的思考，从而关注更广领域的现实问题，从个人、群体、区域面临的语言消费问题，而至国家、人类面临的应对重大灾害、消除贫困、构建合作共赢新型国际关系中的语言消费新课题。

"卖字"的版本还在升级。某互联网公司的中文输入法已推出免费功能，用户只需根据提示手写输入 12 个汉字，AI 就会在 10 分钟之内根据输入的汉字为用户生成专属风格的字体。

消费是生产的终点，也是新起点。人类经济生活，是以消费为驱动力、呈螺旋状向前发展的。语言研究亦应如是。

（作者系首都师范大学文学院、中国语言产业研究院博士研究生；《中国社会科学报》2022 年 10 月 26 日第 10 版）

语言学科专业进行重大调整
应用语言学成为独立二级学科

李 艳

国务院学位委员会编修的《研究生教育学科专业简介及其学位基本要求（试行版）》（以下简称《要求》）于 2024 年 1 月发布，引发学界热议，其中，"中国语言文学"一级学科下设的二级学科中，原"语言学及应用语言学"调整为"理论语言学"和"应用语言学"两个独立的二级学科。

这一调整，是对"应用语言学"学科功能和人才培养重要性的进一步强调，也是对国务院办公厅《关于全面加强新时代语言文字工作的意见》（以下简称《意见》）所提出的切实增强国家语言文字服务能力、加快推进语言文字基础能力建设、积极推进中华优秀语言文化传承发展、推广普及国家通用语言文字、大力提升中文国际地位和影响力等一系列重要工作要求的回应。

《意见》明确指出："语言文字事业具有基础性、全局性、社会性和全民性特点，事关国民素质提高和人的全面发展，事关历史文化传承和经济社会发展，事关国家统一和民族团结，是国家综合实力的重要支撑，在党和国家工作大局中具有重要地位和作用。"语言文字工作的这一定位，通过国家、群体、个体的语言需求和语言生活状况得到了直观的体现。

在这个过程中，研究者们提出了"语言是生产力""语言产品是生活必需品""每个人都是语言消费者""语言技术行业是语言产业中的元行业"等观点;同时,随着国家、群体、个体对语言产品的消费需求不断升级,随着包括语言智能在内的语言技术行业的快速发展,"语言学及应用语言学"领域的新兴、交叉学科方向不断出现,如语言政策与规划、语言经济学、语言产业研究等。

将"应用语言学"设置为独立的二级学科,有助于这些新兴、交叉学科更好地发挥学术服务功能,在做好应用理论研究的基础上,解决国家和社会所亟须的政策规划、标准建设、资源保护、技术进步、产品研发、供需研究、人才培养等问题。

此次修订中,将"应用语言学"定位为"一门将语言学运用于社会各相关领域的学科,把语言学和众多相关学科相联系、相结合的学科"。我们也可以将其视为对该学科的社会功能和学科特性的界定。

在此基础上,《要求》列举了"应用语言学"的学科领域:"主要涉及语言规划与语言政策、语言战略与语言安全、语言文字规范化标准化信息化、标准语建立与推广、语言资源保护利用、语言教学(母语教学、外语教学、对外语言教学)、辞书编纂、语言翻译、语言信息处理、语言智能与技术、语言工程与认知计算、语音识别与语音合成、语言病理、语言服务、语言产业与语言经济等",这对于高校发展相关学科方向、进一步加强相关专业建设、深化与细化研究生人才培养都将起到重要的指导作用。

值得关注的是,除了"语言产业"被明确列于其中外,包括语言教学、语言翻译、语言技术等在内的一系列方向,都属于语言产业研究范畴中的语言行业,也都是语言产业研究的具体内容。首都师范大学中国语言产业研究院于2019年开始在文学院语言学及应用语言学二级学科下设置"语言产业研究"学科方向,招收与培养硕士研究生、博士研究生。作为学术服务的一项重要内容,我们将于今年举办"讯飞星火"青年学者语言产业研究优秀论文评选暨第二期语言产业研究青年学者讲习班,旨在为有志趣从事语言产业研究的青年学者提供帮助，为有意向建设相关学科方向的兄弟院校提供助力。

（作者系首都师范大学文学院教授、博士生导师，中国语言产业研究院执行院长；《中国社会科学报》2024 年 2 月 28 日第 2 版刊发记者采访稿）

语言行业

我国语言培训市场调查与思考

郭双双　李　艳

　　语言培训主要是指对母语之外的第二语言的培训。语言培训业是以第二语言获得理论为基础发展而来的。

　　目前，语言培训在一些国家，如美国、英国、加拿大、澳大利亚、新西兰、爱尔兰等国已经成为利润可观的重要产业和重要的收入来源。2010年，全球有约20亿人学习英语。英国文化委员会表示，现在英国从英语教材及相关方面获得的收入已经超过英国的石油和船运的收入。

　　在我国，北京自20世纪90年代开始出现语言培训机构，但尚未形成规模。21世纪初，随着留学热潮的到来，新东方、新航道等一些本土培训机构迅速崛起，华尔街、英孚等外来培训机构也进入中国市场。如今，语言培训企业间的竞争已经白热化，市场竞争异常激烈。

培训企业数量可观

　　目前，保守估算，我国语言培训机构总量超过6万家。由于语言培训企业或从事语言培训业务的企业数量众多，我们对北京语言培训市场进行了初步调查。

　　通过对在影响较大的招聘网站上注册的语言培训企业进行统计，我们获得语言培训企业数量与规模的大致判断：目前，北京大大小小的培训机构在2000家以上，其中大部分企业员工数量在

100 ～ 499 人之间。通过对在两家权威招聘网站上注册的语言培训类企业进行统计，可以发现员工数量在 100 ～ 499 人之间的企业占 35% ～ 40%，500 ～ 999 人之间的企业在 10% ～ 17%，1000 人以上的企业在 14% ～ 20%。在 99 人以下的小微型企业方面，两个网站的比例差距较大，分别为 22% 和 42%。根据这一统计，可以看出，语言培训企业由 100 ～ 499 人发展到 500 ～ 999 人规模时，企业数量急剧下降。

消费市场不断扩大

2010 年，搜狐网《教育白皮书》和百度《语言培训报告》对当前语言培训的消费状况都有所论述。根据搜狐此次的网络调查报告，外语培训的主流消费人群月薪 3000 元 ～ 4999 元的占 21.76%，1500 元 ～ 2999 元的占 20.86%，5000 元 ～ 10000 元的占 20.86%，1500 元以下和万元以上的分别只有 18.63% 和 17.88%；中小学生的课外辅导项目首推英语，64% 的家长都为孩子报了英语班，其后是奥数、语文和文艺体育科技项目，但比例只有 10% 左右，培训市场份额远远小于英语。

百度数据显示"80 后"占参加语言培训网民数的 46.5%，语言培训网民中 30 岁以上的群体占将近 30%，说明提高商务外语、职业外语水平成为提升职场竞争力的重要手段之一。

百度《语言培训报告》第一手数据基于 2010 年第一季度网民在百度网页的检索记录得出，是将随机抽样获得的"搜索日志"中检索过语言培训相关信息作为有效样本。搜狐《教育白皮书》的数据也是来源于网络调查。

为进一步了解目前人们对于语言培训的消费状况与态度，我们在北京高校中进行了随机调查。调查结果显示，参加语言考试类培训的人员比例占 86%，参加听说读写等语言能力类培训的人数为 14%。在与语言类考试相关的辅导培训中，41% 的受访者参加过英语四、六级考试辅导，26% 的受访者参加过中、高考英语辅导，15% 的受访者参加过考研英语辅导，参加过出国选拔类英语考试辅导的为 10%，其他为 8%。调查还发现，在参加语言培训之前，语言培训机构的品牌是多数受访者首先考虑的因素，占比 70%，其次是收费价格、培训地点的地理位置以及师资水平等。

存在四大问题

语言培训行业在迅速发展的同时，也暴露了亟待解决的问题：

第一，信誉有待完善。目前有些机构以免费听课、送教材、能力测评等方式吸引学生和家长，但其主要目的还是兜售课程。在调查中，有学生表示，当时冲动之下交了押金，后来想要回押金时，对方找出百般理由，不愿退费，令自己有上当受骗之感。有家长表示，培训机构会以"学习时间越长，学费越便宜"为噱头，提前收取一年的课时费，但是在孩子上课半年后决定退学，涉及退费时，培训机构则会千方百计不给退费。

第二，教师良莠不齐。在此次调查的 100 位学员中，有 52% 的学员表示他们感觉到整个培训行业最大的问题便是教师水平良莠不齐，导致培训效果不明显，如果遇上不合格的老师，很难学到东西。某培训机构的管理层表示，目前语言培训行业迅速扩张，教师的缺口很大，现在几乎是招上一个老师就会开一个班。有培训机构老师表示，排课的随机性强，有时甚至是上课前一天才找到老师，第二天便开始授课。

第三，收费整体偏高。雅思考试培训的基本费用在 1500 元～3000 元不等。如果学员需要上小班课、精品课，则需要 5000 元～20000 元的学费。在调查中，48% 的学员认为费用适中，30% 的学员则表示价格偏高。在采访中，家长表示，只要能让孩子有所进步，学得好，自己愿意多交一些学费。

第四，效果难以评测。目前，多数培训机构只负责培训，至于学生的受训效果如何，较难作出评价。调查显示，课程结束后，只有 35% 的学员表示自己的能力确实有所提高，还有部分学员表示自己的能力根本没有得到提高，培训后考试成绩依旧不理想。

对策思考

第一，建立语言培训教师职业资格准入制度。教育部于 2004 年颁布了《汉语作为外语教学能力认定办法》，设立了初、中、高三个等级的《汉语作为外语教学能力证书》，通过对外汉语教师职业资格考试的方式来选拔对外汉语教学人员。针对目前各类语言培训机构的培训师资，也应采取持证上岗的方式，由教育部门组织统一考试，以确保语言培训教师队伍整体水平和培训质量。

第二，建立和完善语言培训行业自律机制。语言培训机构量多、分散，加大了管理的难度，整体上良莠不齐，暴露出一些亟待解决的问题。我们可以通过建立语言培训行业协会等方式，形成良好的内部、外部沟通渠道，解决行业内部在竞争与发展中所暴露出来的无序竞争、信用缺失等问题，以现有的优质品牌带动行业整体质量升级。

（郭双双系首都师范大学硕士研究生，李艳系首都师范大学文学院副教授；《语言文字报》2014年9月26日第4版）

我国语言培训行业供需现状与发展规模

宋莹莹　李　艳

经济全球化发展，"一带一路"建设的推进，促进了对国际性人才需求的增长，人们对语言能力培养的重视也不断提升。同时，语言智能与互联网技术的发展，为语言培训行业的发展提供了技术与平台支撑。

一

我国语言培训产品的类型，按照培训内容来分，有外语培训、国家通用语言培训、少数民族语言培训、方言培训、手语培训、盲文培训等；按照受众群体来分，可分为青少儿语言培训、成人／从业人员语言培训、聋人及听障群体培训；按照培训目的来分，包括语言能力类培训、语言应用类培训、语言考试类培训等。除面向个体的语言培训外，还有面向企业组织的语言培训，以企业员工为培训对象，以提升职业语言能力为目的。

目前占较大市场份额的语言培训产品主要有青少儿英语培训、成人英语培训、留学英语培训、外语小语种培训、对外汉语培训、大语文培训等。其中，青少儿英语培训指针对 3～18 岁年龄段人群的英语培训，覆盖学前、小学和中学阶段；成人英语培训指针对 18 岁以上的成年人的英语培训，覆盖大学生和职场人群；留学英语培训是对有出国留学需求的群体开展的英语培训；外语小语种培训的内容为英语之外的其他外语语种；对外汉语培训是针对外国人、母语为非汉语的学习者进行的汉语培训。

普通话培训属于国家通用语言文字教育范畴，普通话纳入国民教育体系，也有社会培训机构为普通话水平考级提供收费培训服务。服务听障、视障人群及关联人群的有手语培训、盲文培训。市场上还有方言培训，如粤语培训、上海话培训，以及少数民族语言培训，如壮语、藏语、苗语、彝语培训等。

大语文培训又称"大语文教育"，内容主要包括汉语教育与文学教育。前者侧重工具性，传授体系性知识，培养学生听、说、读、写的语言应用能力，后者侧重于提高学生的人文素养。

二

根据是否以营利为目的，语言培训的供给主体可以分为营利性供给主体和非营利性供给主体，前者主要是民营教育培训机构、语言培训企业；后者一般为政府部门，或公立教育机构及其他相关企事业单位。

通过"企查查"检索，截至 2023 年 3 月，全国各省区经营范围中含语言培训业务的机构有 21 万余家。其中，分布在江苏省的语言培训机构数量最多，有 3.8 万余家；语言培训机构超过 2 万家的有广东、浙江；超过 1 万家的有山东、河南、辽宁；超过 5000 家的有四川、上海、广西、重庆、陕西；京津冀区域有近 1 万家。可以看出，语言培训机构的分布与经济、人口、区位状况基本一致。

语言培训的需求主体可分为个人和企业两类。语言培训的消费群体十分庞大，几乎所有年龄段，各行各业都存在语言培训需求。个体在不同年龄段有不同的需求，通过消费语言培训产品，提升自己的语言能力，以满足学习、工作、生活上的语言需求。企业通过购买语言培训产品，来提高员工与客户沟通的语言能力、商务谈判语言能力，员工的语言能力状况直接影响个人绩效和企业营收。

我们分类对当前语言培训的供需状况进行分析：

第一，青少儿英语培训。供给方面，线上培训获得长足发展，各类免费、付费应用程序和小程序类语言学习工具越来越多。在线教育突破时空局限，在一定程度上优化了英语培训供应链。2017 年以来，在线启蒙英语企业相继涌现。线上课程分为录播课程、直播课程和在线学习资源整合包。未来，在线化、智能化是必然趋势。需求方面，新生代家长不仅对互联网和在线教育接受程度较高，对启蒙英语教育也很重视，国民英语教育需求愈发旺盛。我国中小幼学段有两亿多人口，青少儿英语培训市场潜力巨大。在培训方式方面，39%的家长认为线上培训课程、师资的丰富程度优于线下培训，他们更愿意为孩子选择线上学习方式；选择线上线下结合的家长占比33%，更乐于选择线下培训的占比28%。

第二，成人英语培训。供给方面，主要包括以提高各类英语考试应试能力为目标的应试英语培训、以提高英语听说读写应用能力为目标的实用英语培训，前者有考研英语培训、职称英语培训、英语四六级/专业四八级培训等，后者主要是商务英语培训。需求方面，用户主要是高等学校在校生和职场人群，他们对课程效果要求高，且能迅速给出反馈，大多为短期需求。应试英语培训以考试、考级为目标，刚需性强。据教育部数据，2011年至2021年考研报名人数从151万人增长到377万人。考研、就业等对英语学习的拉动，经济发展和国际交往对国际化人才的需求，成为成人英语培训市场扩张的驱动力。科技发展推动教育模式的变革，在线教育渗透率的不断提升在丰富供给方式与供给内容的同时，也催生出更多的消费需求。

第三，留学英语培训。供给方面，主要包括托福培训和雅思培训。留学语言培训行业入口价值显著，布局留学语言培训可精准对接留学中介服务、留学后服务、移民服务等。需求方面，我国出国留学人数稳定增长，2003年至2019年，我国出国留学人员从11.73万人增长到70.35万人。受新冠肺炎疫情影响，2021年中国赴美留学生人数自2014年以来首次跌破30万，但2022年申请季，留学申请人数超过74万。目前，低龄留学也成为一个值得关注的趋势。

第四，小语种培训。供给方面，在语言培训市场上，除英语外，其他外语语种的市场关注度稳中有升。我国将英语、法语、俄语、西班牙语、阿拉伯语之外的外语语种称为"非通用语种"，英语之外的统称为"小语种"。据多鲸资本教育研究院 2019 年发布的《中国小语种教育趋势报告》，全国小语种培训机构超过 990 家。由于国内单一小语种学习和付费人群有限，为扩大服务人群和品牌知名度，小语种培训机构通常会开展语言培训外的其他业务，如留学中介服务、游学服务和留学后服务等。需求方面，从语种看，因地缘及经济文化连接紧密，日语和韩语的受关注度一直较高；在欧洲语言中，为满足留学、商务需要，法语、德语、西班牙语学习者居多。从教育政策看，1983 年教育部将俄语、日语、德语、法语、西班牙语正式列入高考科目；2017 年，德语、法语、西班牙语被正式列入高中课程。"一带一路"建设实施以来，对小语种人才的需求不断增长。

第五，对外汉语培训。供给方面，民营对外汉语培训企业、外籍人员子女国际学校（130 所）、接受外国留学生的高等学校（1004 所），三者构成我国境内对外汉语培训的供给主体。截至 2022 年底，全球有 460 所孔子学院，分布在 153 个国家和地区，负责在境外传播中国语言与文化。"一带一路"建设吸引沿线国家民众学习汉语，来华留学热度迅速提高，国内从事汉语国际传播的民营培训机构有了较大增长。对外汉语培训提供的课程主要有四类：中国文化类课程、语言教学类课程、专业职业类课程、师资培养类课程。需求方面，从用户看，国内对外汉语培训生源主要是来华生活、工作的外籍人士和外国留学生。根据第七次全国人口普查数据，居住在我国境内并接受普查登记的外籍人员为 84.57 万人。2018 年有来自 196 个国家和地区的 49.22 万名留学生来华留学。境外汉语培训学习者主要是在线汉语培训的境外注册用户和孔子学院学员。从内容看，汉语口语培训需求远高于阅读和写作。

第六，大语文培训。供给方面，包括应试提分类培训和兴趣拓展类培训。大语文培训机构依托"名师"标签树立品牌影响力。需求方面，随着教改对语文的重视，大语文培训需求持续增加。家长普遍意识到，语言表达能力对升学、就业极为重要，成才、成功都离不开深厚的语文功底。2021 年，国家出台"双减"政策，对校外学科培训作出调整，推动大语文培训进一步向素质教育转型。

三

2020 年至 2022 年语言培训行业深受新冠肺炎疫情影响，不能代表正常发展状况，故本文产值采用 2019 年数据。据中科院大数据挖掘与知识管理重点实验室发布的《2020 年中国在线青少儿英语教育市场报告》，2019 年青少儿英语培训市场规模（产值）达 1250 亿元。据艾瑞咨询研究报告，2019 年成人英语培训市场规模（产值）为 953 亿元，留学英语培训市场规模（产值）为 198.7 亿元，小语种培训市场的整体规模（产值）为 350 亿元，大语文培训市场规模（产值）为 395.8 亿元。综合有关调查分析报告并保守估算，2019 年对外汉语培训市场规模（产值）约为 100 亿元。

综上，2019 年语言培训行业市场规模（产值）为 3247.5 亿元。考虑到上述各细分市场数据的有限精确性和存在的误差，经模糊处理后，目前我国语言培训行业市场规模（产值）达 3000 亿元。

（宋莹莹系首都师范大学文学院、中国语言产业研究院硕士研究生；李艳系首都师范大学文学院教授、博士生导师，中国语言产业研究院执行院长；《语言文字报》2023 年 6 月 21 日第 2 版）

语言出版——产业新亮点　面临新挑战

戈兆一

在现代出版业面临电子出版物和网络的巨大挑战时，欧美的语言出版逐渐成了新的市场亮点，形成了产业发展的新格局。这对倡导发展我国的语言产业具有极大的启示作用。本文较系统地研究了我国语言出版产业的 4 个不同领域，让人们看到了语言出版的潜在能量和前景，看到了突破行业自身发展瓶颈和应对网络、电子出版物挑战的可能和希望。

语言文字是人类最重要的交际工具和信息载体，是人类文化的重要组成部分。语言出版业是我国新闻出版事业的重要组成部分，特指专门将具有工具性、知识性、学术性和大众性的语言文字类书刊、图画、音像等作品成批制作并向公众发行的行业。

2012 年，我国已成为名副其实的出版大国，新闻出版业总产值从 10 年前不到 3000 亿元跃升到 1.65 万亿元。据初步统计，2012 年全国出版、印刷和发行服务实现营业收入较 2011 年增长 13.6%，增加值为 4451.4 亿元。伴随着我国新闻出版事业的全面繁荣，语言出版业已成为种类齐备、效益突出、覆盖面广的产业亮点。

除具有出版业规范性、流通性、商业性等基本属性外，语言出版业在不同的社会应用领域，又呈现出不同程度的工具性、知识性、学术性和大众性。对应这些特性，我们将语言出版业分为语言辞书出版、语言教育出版、语言学术出版、语文报刊出版 4 个板块。

语言辞书即用于语言文字学习、研究的工具书。语言辞书出版是我国出版领域的基础工程，是关系到国家语言文字标准化、规范化、通用化的关键所在。语言文字工具书的好坏，不仅关涉千家万户、子孙后代能否准确传承中华民族历史文化，而且反映我们对人类文明创造的各类知识的学习和理解的现实水平，是一个国家、一个民族文化科学素质的综合标志。对于语言文字、专业知识类工具书的出版来说，必须重视科学性、权威性、实用性的统一。《中国大百科全书》《辞海》《汉语大词典》《汉语大字典》等一批大型辞书的编纂出版，填补了辞书出版的诸多空白，产生了良好的外交、社会和经济效益。我国发行量最大、商务印书馆出版的《新华字典》，历经几代上百名专家学者 10 余次大规模的修订，重印 200 多次，占据了同类图书市场 80% 的份额，成为迄今为止世界出版史上发行量最大的字典，也是我国最有影响力、最权威的一部小型汉语字典。

语言教育出版业的产品主要指用于语言文字（含外国语言文字）教育的出版物，涵盖语文教材、教学辅导用书、通俗语文知识读物等。当前，中国已经成为全球最大的英语教育出版市场。据统计，仅 2009—2011 年中国就出版英语学习相关图书 45648 种。与此同时，世界范围内的"汉语热"也开始升温。120 余家中国出版社出版了一大批国际汉语教材及文化辅助读物，仅 2005 年至 2009 年间，出版品种就从 1500 多种增加到 6000 多种，累计销售、赠送量达 1200 多万册，供全球 136 个国家和地区的 4 万多所大学和主流中小学的 500 多万人使用。

语言学术类图书主要反映我国语言学、汉语言文字研究和语言文字社会应用研究的成果。近年来，语言出版业骨干力量通过设立专项基金，助力语言学术出版事业。2002 年和 2006 年，商务印书馆、语文出版社分别出资 100 万元人民币，各自设立"语言学出版基金"，资助语言学本体研究和应用研究成果的出版。语言文字社会应用研究成果的突出代表有教育部语信司自 2005 年起每年发布的《中国语言生活状况报告》绿皮书，被誉为"中国语言国情调查的重大成果"，记录了我国社会语言生活的基本状况，反映了我国语言学界对语言生活状况研究的新进展，报告中提出的"语言生活""语言资源""语言服务""语言产业"等理念得到学术界高度认可，为国内外观察了解中国语言国情提供了重要材料。目前，综合 2005 年和 2006 年我国语言生活情况的《中国语言生活状况》第一卷英文版日前已亮相柏林和纽约书市，并在全球销售。

语文报刊主要指面向大众读者、"人人看得懂，个个用得上"的语言文字类报纸期刊。如《语言文字报》《咬文嚼字》《英语世界》等。《语言文字报》是集新闻性、教育性、学术性、知识性于一体的国家级权威语文专业报纸，主要展示国家语言文字政策、社会语文生活、语文教育理论与实践、语言资源的开发与共享、语言文字信息化等动态与状况。《语言文字报》《咬文嚼字》以宣传语言文字社会应用规范化为主题，被广大读者誉为"文化清道夫"。

语言出版业正面临着数字化挑战，数字出版以出色的快速查询、海量的存储、低廉的成本、方便的编辑以及更加环保等特点迅速颠覆传统，数字出版或将成为纸质报刊、图书变革的方向之一，语言出版业应着眼为电子书包、教辅 APP 等移动数字产品提供高质量的数字内容，积极探索语言出版业新型商业模式，向语言服务提供商转型。2011 年，新闻出版业已在文化领域率先完成了全行业改革。出版业全面市场化有待进一步深入，通过科学引导、规划，增强出版企业的市场生存力和核心竞争力，支持中小出版企业发展，避免同质化竞争；推进出版业与广电业多平台资源的统筹、协调，为语言出版业提供更广阔的发展空间。

（作者系北京市语言文字测试中心综合部主任；《语言文字报》2013 年 8 月 2 日第 4 版）

语言出版行业供需状况与发展前景

李 艳 曹霄珺

语言出版业是语言出版产品（服务）供需、产销活动的集合。中国语言产业研究院团队在 2010 年首次提出了"语言出版业"这一概念，并将其作为语言产业的基本业态之一进行研究。2012 年出版的我国第一部语言产业研究学术著作《语言产业导论》对语言出版作了初步的学理探讨；2022 年出版的我国第一部省域语言产业调查报告《北京语言产业调查报告》对北京地区语言出版业的主体构成、产品供需状况、产业经济规模进行了统计分析，从产业经济学的视角，搭建了语言出版业的研究框架，在产值分析方法上实现了突破。

在语言产业的九个行业中，语言出版业是其他业态实现知识传承、信息传播的重要基础。语言出版物与人们的生活息息相关，是提升个体语言能力、国家语言能力的必需品。当前，在技术变革和消费升级的新背景下，适时掌握语言出版业的供需状况，对于制定切实有效的发展规划、推动语言出版业的繁荣发展，有着迫切的现实意义。

一、我国已经成为语言出版大国

语言出版是以语言知识、语言教育、语言研究等为主要传播内容的出版细分领域，其产品即语言出版物，根据内容，可分为四大类，即语言辞书出版、语言教材出版、语言学术出版、语言普及出版。从传播载体看，语言出版物包括纸质、音像、电子、数字等形态。

围绕语言出版产品与服务的供需和产销，形成了语言出版业。语言出版业是出版产业与语言产业的交集。无论是面向全体国民的国家通用语言文字教育、外语教育，主要面向少数民族的少数民族语文教育，还是面向外籍人士的国际中文教育，以及面向特殊人群的手语、盲文教育，都离不开语言出版。

在我国，语文、外语教学辅导、考试指导用书在语言教育出版中占据了较大的比例。除汉语教材外，英语教材及相关学习读物在语言教育出版中也占据了重要份额。在国际中文教育中，针对国外汉语学习者的需求所设计的汉语教材数量不断攀升。据不完全统计，1995 至 2020 年全球共有 669 个出版机构出版发行中文教学资源，累计出版中文教学资源 10392 种，涉及 80 种语言注释版本。其中，北京语言大学出版社出版的《新实用汉语课本》已发行 150 多万册。"中文＋职业技能"教材也成为国际中文教育教材研发的一个重要方向。

二、语言出版产品的供给与需求

（一）供给主体

我国语言出版产品的供给主体是各类出版机构。根据国家新闻出版署公布的 2020 年度核验通过的图书出版单位名单，共有 587 家图书出版单位；根据国家新闻出版署公布的 2021 年度核验通过的音像电子出版单位名单，共有 375 家音像出版单位和 336 家电子出版单位，二者存在较大程度的重合。这些出版机构或多或少都有语言出版物的产出。另外，语言出版的供给主体还有语言/语文报社、杂志社。

语言出版业务占比较大的出版机构主要分布在语言、教育、民族和大学出版社中，典型的如北京语言大学出版社、外语教学与研究出版社、语文出版社、人民教育出版社、华语教学出版社、商务印书馆、外文出版社、上海外语教育出版社、中国盲文出版社等；书法读物也属于语言出版物，著名的出版机构有书法出版社、上海书画出版社、荣宝斋出版社、西泠印社出版社等。

在地域分布方面，语言出版业务占比超过 30% 的出版社近 50% 集中在北京地区，上海、吉林和新疆地区各有 10%，剩下约 20% 分布在广西、黑龙江、辽宁、内蒙古、宁夏、陕西和四川等省区。

（二）需求状况

个体需求层面，包括提升写作、阅读及口语表达能力的需求；提高自身外语水平，增强跨语言交际、跨文化交流能力的需求；欣赏语言类及综合类文化艺术产品的需求；开展语言学术研究的需求等。群体需求层面，主要指政府部门和相关研究机构着眼于国家和民族语言的长远发展，所产生的公民语言能力建设需求、国家通用语言文字推广普及需求、中文国际传播需求等。庞大的受教育人口规模和国民语言能力提升需求、"一带一路"建设和文化强国战略、信息技术的应用和媒体融合发展，这几个方面成为我国语言出版业发展的时代背景。值得注意的是，随着国外汉语学习者的数量不断增长，对外汉语教材需求量不断提高。

三、我国语言出版营收规模占比可观

根据中国语言产业研究院团队对我国"十三五"时期语言出版业的研究，2016 至 2020 年语言出版营业收入情况如下：语言图书领域，2016 至 2020 年五年的营业收入依次为 124.85 亿元、131.94 亿元、140.60 亿元、148.45 亿元、144.54 亿元；语言报刊领域依次为 7.95 亿元、7.92 亿元、7.51 亿元、7.78 亿元、7.50 亿元；语言音像电子领域依次为 4.07 亿元、4.33 亿元、4.53 亿元、4.59 亿元、4.79 亿元；语言数字出版领域依次为 8.24 亿元、8.59 亿元、8.91 亿元、9.24 亿元、9.87 亿元。上述四个领域 2016 至 2020 年每年的营业收入合计为 145.11 亿元、152.78 亿元、161.55 亿元、170.06 元、166.70 亿元。语言出版业的年营业收入占全国出版业的份额基本稳定在 9% 左右。通过分析可以发现：语言出版业规模持续提升，语言出版营业收入年均增长 5.43%，2020 年受新冠肺炎疫情影响有所下滑，但发展基本面仍保持稳定；语言数字出版稳步增长，语言数字出版营业收入年均增长 4.62%，2020 年逆势上扬，较 2019 年增长 6.82%；纸质图书地位稳固，纸质语言图书出版营业收入始终保持在语言出版营业总收入的 87% 左右。

四、语言出版数字化转型与融合发展

全球数字化浪潮方兴未艾，传统语言出版业要想在社会发展潮流中保持优势，必然要抓住数字化转型的机遇，探索转型与融合发展之路。推动语言出版业朝着数字化方向转型升级，是实现语言出版业可持续发展的必然要求。2022 年，商务印书馆《新华字典》等工具书 APP 下载用户已超过 7000 万，日活用户 50 万，付费用户 90 多万。当前，需要进一步加快语言出版业转型升级步伐，建立涵盖数字化内容生产、储存、传播、整合和应用的标准体系与规范，实现语言数字出版物标准化、规范化生产；以用户需求为导向，扩大优质数字语言产品的供给能力，通过深度运用移动互联网、大数据、云计算、人工智能、区块链、虚拟现实等信息技术，不断追求产品内容表达、呈现方式以及服务模式等方面的突破与创新，提升语言数字出版产品的使用体验；构建高效畅通的线上线下相结合的营销渠道，推进优质语言出版物资源聚集与传播的公共服务平台建设，推动语言数字出版物通过更加便捷且易为用户所关注和接受的渠道进行传播；探索数字出版多元化营销方式，与读者建立人性化、个性化的互动关系，让"微博营销""短视频营销""直播电商""流量经济""粉丝经济"大显身手。

（李艳系首都师范大学文学院教授、博士生导师，中国语言产业研究院执行院长；曹霄珺系首都师范大学文学院、中国语言产业研究院硕士研究生；《语言文字报》2024 年 1 月 10 日第 2 版）

语言翻译产业做大做专前景看好

戈兆一

随着信息化在全球的快速推进，世界对信息的需求日益增长，语言翻译业发展迅速，是受国际金融危机影响较小的业态之一。自上世纪90年代以来，我国语言翻译业也进入快速发展阶段，相关企业较好地完成了奥运会、上海世博会等重大国际活动，在全球首创了"语联网"新型服务模式。只要我们尽快扫除制度障碍，充分发挥行业协会作用，促进产学结合，就能够较快地改变在市场化进程中位置滞后的局面，推动语言翻译产业科学发展。

语言翻译业有四种活动形态，即口语翻译、文字翻译、手语翻译与机器翻译。广义的语言翻译业，又称"语言（本地化）服务业"。当前，以语言翻译为核心的语言翻译技术工具开发，语言翻译相关培训、咨询、认证和本地化服务等业态已成为语言翻译业的生长点。

近年来，语言翻译业在世界各国均发展迅速，是受世界金融危机影响较小的业态之一。目前，全球年翻译产值达数百亿美元，美国占50%以上，亚太地区占30%左右。根据国际权威市场调查机构对世界翻译市场的调查，包括人工翻译、机器翻译、软件和网站本地化在内的全球翻译市场的规模，2005年达127亿美元，2007年达197亿美元。其中人工翻译市场115亿美元，机器翻译市场1.34亿美元，软件与网站本地化市场分别为34亿美元和31亿美元。美国著名语言产业调查机构卡门森思顾问公司早在2010年就发布了一项市场调研报告，预计2013年仅全球外包语言服务市场产值就将达到381.4亿美元。根据国际经济学家郑雄伟的估算，全球语言服务外包市场产值将占全球国际服务外包的4%～5%。

改革开放以来，我国语言翻译产业的发展经历了从"小而散到大而专"的转变。早期，国内翻译机构规模普遍较小，多为作坊式经营；从业人员以兼职为主，流动性大；业务流程缺乏规范，翻译质量难以保证。上世纪90年代初，随着对外交往活动的扩大，语言翻译市场进入快速发展阶段，大批语言翻译企业如雨后春笋，在北京、上海、广州等大城市落户，经过多年的发展，现已初具规模。据统计，北京、上海、江苏、浙江4地语言翻译服务类企业数量占到全国的76%，其中北京有9000多家。

进入新世纪，我国全方位、宽领域、多层次的对外开放为语言翻译业提供了广阔的发展平台。大型的专业化翻译公司出现在市场上，朝着职业化、国际化方向前进，翻译质量、服务水平随之提高。能够独立承接来自国内外的高要求、高水准、高技术含量的翻译业务。

截至2012年6月，随着奥运会、世博会、文博会、园博会等各类国际活动陆续举办，世界500强公司中已有约490家在中国投资，跨国公司在华设立的研发中心、地区总部等功能性机构已经达到1600余家。中国经济和文化走出去的步伐越来越大，国际化企业每年的翻译需求与日俱增。以华为公司为例，其一年的国际专利申请文本就有5000万字，并且要翻译成20多种语言。这些都离不开语言翻译业的支撑。据统计，语言翻译业已经成为文化经济中仅次于教育培训业的又一新兴文化业态。

目前，我国语言翻译业的业务主体，即口语翻译、文字翻译，已由"作坊式加工"走向"产业化运行"，由"单一""多元"走向"整体化解决方案"，并在推动互联网、现代通信技术、软件技术与语言服务相结合的基础上实现了机器翻译技术的持续快速发展，关键技术已达到世界先进水平。

我国语言翻译业的旗舰企业元培翻译是北京2008年奥运会笔译和口译项目赞助商，承担了奥组委、第29届奥运会、国际奥委会、第 13 届残奥会等 16 个主体机构的笔译和口译服务；2010 年，元培作为上海世博会笔译和口译项目赞助商，为上海世博局及参加世博会的 183 个国家和 45 个国际组织提供所有语种的语言服务。据估算，仅世博会口译部分就为元培带来约 2 亿元收入——这还不包括为 200 多个参展商和国际组织提供的语言服务。

另一个大型企业北京传神翻译公司基于互联网和 IT 技术实现创新模式的新型多语信息服务供应，是亚洲第 7 位、世界第 37 位的语言服务企业。传神公司全球首创了"语联网"新型服务模式，采用"一网多港"落地的服务模式，以武汉为中心，在多个城市建立"多语信息港"，调动全球语言资源为当地客户和地方经济服务。传神公司管理着遍及世界各地的 3 万多名译员，累计处理量 85 亿字以上，形成日处理 1000 万字以上的规模化生产体系。

手语翻译是一个重要的分支领域。目前我国听障人士至少有 2057 万，与听障人士相关的公安机关的案件调查取证、法院判决、医生了解聋哑人的病情等情况，以及配有聋哑人的工厂、商店银行等公共服务部门都需要手语翻译。2008 年奥运会需要高水平的手语翻译 900 名，而国内自有手语翻译却严重不足。手语翻译，被称为"最有爱心的稀缺职业"。

从世界范围看，我国语言翻译业市场化进程仍处在比较滞后的位置，而且面临诸多挑战与困难。目前，网络翻译日益成为广大用户的首选，日益冲击着专业翻译业务。据 5 月份最新数据，《谷歌翻译》每天为全球两亿多个用户提供服务，每天翻译次数达 10 亿次。《谷歌翻译》每天处理的文字数量，相当于 100 万册图书，超过了全世界专业翻译人员一年能够翻译的文字规模。从国内来看，我国翻译产业地位不明确，缺乏政策扶持；准入门槛低，缺乏立法保障；总体规模偏小，产业集中度和国际参与度有待提高；企业创新能力不够，同质化竞争问题突出；人才培养与使用脱节，缺口较大。

与西方国家将手语作为一种独立的语言纳入国家教育体系，并建立了一套比较完整的关于手语翻译的培训、测试和鉴定体系相比，我国的手语翻译职业教育尚属于起步阶段，手语翻译方面的专业人才缺乏。目前，除少数师范类高等院校在特殊教育专业中开设手语课外，手语教育推广仍以公益性质的社会培训为主，力量相对薄弱。

推动我国语言翻译业科学发展，必须尽快扫除制度障碍，充分发挥行业协会作用，促进产学结合，提升行业现代化水平。

（作者系北京市语言文字测试中心综合部主任；《语言文字报》2013 年 9 月 27 日第 4 版）

网络字幕组潜藏新业态

张思楠　李　艳

目前国内字幕组数量较多，分类也较为细化，主要包括动漫字幕组、电影字幕组、电视剧集字幕组、公开课字幕组、综艺节目字幕组以及明星论坛附带字幕组等。字幕组数量增加也带来了竞争的激烈化，从而促使各个字幕组不断提高翻译质量和传播效率。以字幕组对《越狱》第二季第一集的翻译传播为例，从国外服务器放出片源，到中国受众在网站上收看译制为中文的作品，人人字幕组只用了五个半小时。

字幕组的产生是基于受众对海外文化产品及高质量译制的迫切需求，从语言产业的视角来看，字幕组与语言产业中的语言翻译、语言艺术业态直接相关，与语言培训业态间接相关。

字幕翻译要既忠实原文又接地气

互联网环境中成长起来的一代，已经告别了影视内容短缺的时代，美剧、韩剧、英剧以及国外的综艺节目源源不断地出现在分享网站上，在为更具个性化的年轻观众提供多元化选择的同时，也不断培养出年轻观众对影视剧翻译的挑剔心理，传统电视媒体引进和制作的译制片中规中矩的翻译和字正腔圆的配音开始变得不受待见起来。字幕组的翻译不配音且保留英文字幕，很大程度上保证了作品的原汁原味。同时，字幕组的翻译较为灵活，本土化强，多用日常口语、最新流行语，契合观众实际生活，从而给网友带来"会心一笑"的效果。

比如字幕组把剧中的"Twitter"翻译成"新浪微博",把"PhotoShop"翻译成"美图秀秀",将美剧《生活大爆炸》中的经典句"I wasn't even listening"翻译成"我是路过打酱油的",将《越狱》里的名句"准备的作用是有限的"译为"谋事在人,成事在天"等等。字幕组的译制由于是实时性的,因而在本土化翻译过程中常常紧跟国内时事、新鲜名词、文化现象的变迁,既幽默又便于国内观众理解。

这种语言翻译特色与字幕组成员的年龄、职业、心态等因素有关,在校大学生和刚毕业不久的年轻人是字幕组的主力,分享精神和轻松心态使他们并不拘泥于传统翻译的规格规范,从而形成了字幕组产品的生产特色。

从语言产业视角来看,字幕组很受欢迎,与其恰逢其时、恰到好处地把握互联网时代环境下的受众心理与受众需求密不可分。记者罗昌平曾经通过对某个动漫字幕组成员的采访了解到,一部24分钟的动漫,一般需要翻译3小时,校对1小时,制作时间轴1小时,压制40分钟,再经过5～7个小时生产出汉化成品。为了能让网友第一时间看到有汉语字幕的新剧集,字幕组的成员们经常半夜起来工作。

免费分享与版权保护产生矛盾

大多数字幕组都秉承着免费、共享、交流、学习,不以所制作的东西进行商业盈利的精神和宗旨。各大字幕组在招聘成员时,往往会强调"无实际金钱收入"。从运作模式看,字幕组采用的是免费分享方式,其顺利运作完全依靠成员对这个行业的热爱。这种运作模式符合互联网的分享精神,使中国的网友几乎可以"零时差"欣赏到有中文字幕的海外最新影视节目。

但是,从字幕组诞生之初,就引发了人们对其合法性的担忧,如律师赵虎认为,字幕组在未经海外影视作品版权所有方同意的情况下,通过非正规渠道将其作品引入国内,侵犯了影视作品著作权所有人的权益;在未经著作权人允许的情况下,对其作品进行翻译,并在网络上传播,属于侵权行为。此外,字幕组也不能保证每个下载影片的网友不将影片用来盈利。随着字幕组影响力的扩大，有个别规模较大的字幕组开始参与商业活动，例如人人字幕组曾尝试与第三方合作直接参与分成，人人影视与惠普联手举办"1000G 世界名校公开课任你拷"活动，推广移动硬盘。

2014 年底，射手网和人人影视网站涉嫌版权问题被迫暂时关闭，字幕组的生存受到影响，引发人们对字幕组生存前景的关注。绝大部分网友和部分业界人士认为，字幕组的运作确实与现行的知识产权制度之间产生了矛盾，但是，建议更多地把字幕组当作一个公益性的分享组织，而不是侵权者；呼吁以更加宽容、开放的视角看待字幕组这一互联网时代的新事物。

跨文化传播中问题潜存

字幕组作为海外文化产品和国内观众之间的桥梁，其跨文化传播作用毋庸置疑。早在 2006 年，美国《纽约时报》就曾撰文称其是"打破文化屏蔽的中国字幕组"，充分肯定字幕组在跨文化传播方面的贡献。客观来看，字幕组在跨文化传播过程中，也存在以下两方面的问题。

一方面，字幕组作为跨文化传播的中介，为观众提供了免费接受语言及其他课程教育的机会和资源。在字幕组兴起之初，很多字幕组针对外语学习者特别制作了学习版字幕，即提供四条独立字幕，包括中文、英文、中英文、中英加注释字幕，便于切换；在论坛上开放"看美剧学英语"版块，发布对热门美剧的详细翻译解说，以帮助那些希望通过观看美剧提升英语水平的受众。此外，一些字幕组还推出了国外名校公开课的发布和翻译，大大降低了国内观众接受世界顶尖教育的门槛，一定程度上缓解了教育资源分布不均衡的问题。同时，字幕组对海外影视内容的翻译传播，开阔国内观众的文化视野，也在无形中促进了多元文化的碰撞与融合。

但是，另一方面，也应该看到字幕组跨文化传播潜存的问题。例如，依据国内观众的偏好来选择译制海外节目，有可能会将一些质量上有瑕疵的节目译介进来，甚至可能引入一些存在血腥、暴力乃至色情的作品。在互联网开放的氛围下，各个年龄段的观众都能接触到字幕组译制的这些文化产品，或将对未成年人的成长带来负面影响。此外，字幕组成员具有海外产品的受众和传播者双重身份，其翻译过程受自身主观影响较大，并且，在"短、平、快"的翻译与传播效率要求下，翻译质量无法较好地得到监督和保障，质量不高的翻译作品可能会令观众对剧集和海外文化产生理解上的偏差。如果从国家文化主权保护的角度来看，字幕组在跨文化传播过程中，一定程度存在潜移默化地输入西方国家价值观和意识形态的问题，会对本土文化产生一定的冲击与影响，这也是值得关注的一个问题。

（张思楠系首都师范大学硕士研究生，李艳系首都师范大学文学院副教授；《语言文字报》2015 年 3 月 27 日第 4 版）

五大技术促中文信息处理发展

马绍娜　李艳

中文信息处理主要是依托计算机对中文的音、形、义等信息进行处理和加工，是与计算机科学、语言学、数学、信息学、声学等多种学科相关联的综合性学科和新产业，技术含金量相当高，主要表现为5大技术的发展。

汉字键盘输入

1978年5月，我国推出汉字信息处理实验样机，这是中国自主完成的第一个汉字编码输入系统。1993年，亚伟速录技术的诞生可以说是汉字键盘输入，尤其是中文信息处理产业化发展新的里程碑，突破了"速记电脑化"和"实时记录语言"两大国际难题。亚伟速录技术的广泛应用不仅带动了一个产业的发展，还催生了速录师这一新型职业。2003年，劳动和社会保障部专门编订并颁布《速录师》国家职业标准。目前，亚伟速录技术已广泛应用于各种会议、法院庭审、新闻采访、电视字幕以及场记、网络直播记录等，一个速录从业人员群体已形成。

当前，汉字键盘输入技术的一个重大发展方向就是智能化输入技术。智能化输入技术只需将欲录入的汉字转换成汉语拼音，然后逐字连贯地输入由拼音组成的序列，系统就会一一排除同音字的干扰，在屏幕上显示出要表达的汉语，实现整句输入。同时，系统会自动存储用户的更正信息，并且会自动记忆用户每次输入的词频和字频，使原来由人记忆的大部分内容都让计算机来承担，具有了学习、记忆和判断的功能，这就大大增加了文字输入的速度。目前，《清华紫光》《微软拼音》《搜狗》以及《百度输入法》等智能输入法软件使用广泛，备受用户的青睐。

输入法产业虽然是信息技术行业中一个较小部分，但由手机输入法所带来的手机应用创新已成为一个可观的利润来源，其价值保守估计将达到 8000 亿元。

汉字识别

汉字识别主要分三大类：（1）联机手写汉字识别；（2）印刷体汉字识别；（3）脱机手写汉字识别。

脱机手写汉字识别研究的一个趋势是转向应用研究，如清华大学计算机系的"四库全书录入系统"，北京汉王科技有限公司的邮政地址识别系统和银行票据识别系统，北京邮电大学的银行票据识别系统等。

当前，印刷体汉字识别在多字体的识别、大字符集识别、中英文混排识别、版面恢复和中文名片识别等方面取得了突破。目前，《汉王OCR》能够在不降低识别率和识别速度的情况下支持宋体、仿宋体、楷体、黑体、圆体、隶书、魏碑、行楷等字体的识别。市场方面，《汉王OCR》《清华OCR》《丹青OCR》软件占据了扫描仪捆绑软件的绝大部分份额。

字形技术

汉字字形技术主要包括字形数据的产生、压缩以及字形的还原技术。汉字字形库，依据其描述技术的不同，可分为点阵字库、矢量字库和曲线轮廓字库。

20世纪80年代以来，在中国大陆、香港、台湾三地逐渐涌现出一批电脑字体开发商，中国的字体设计开始驶入市场化轨道。方正、华文、汉仪、华康和中国台湾文鼎等十几家开发商迄今已有20多年的发展历史，字体开发规模都在百种以上。近几年，随着信息技术尤其是嵌入式技术的发展，中文字形处理正得到越来越广泛的应用。上海汉峰科技有限公司于2004年成功完成了MiniType字形技术和字库产品的研制，MiniType 字形技术是一种结构化构字技术，其字库含 27484 个汉字，分为宋体、仿宋、楷体、黑体 4 种字体，可生成各种大小尺寸的汉字及其他语言字符。与同类字库相比，其存储量只有 1/10，占用存储的空间少，且字形更加优美。

激光照排技术

激光照排技术是文字信息处理技术的综合应用，它融合了文字输入和输出技术以及字形技术等。

我国激光照排系统的研发始于 1978 年。当时，由北大王选教授等人研制的激光照排机的诞生，正式宣布我国的新闻出版行业告别了"铅与火"的时代，进入了"光与电"的时代，被誉为中国印刷技术的再次革命。

1987 年 5 月，《经济日报》成为世界上第一张采用计算机组版、整版输出的中文报纸。目前，激光照排技术应用于 99% 的国内报业市场、90% 的书刊（黑白）市场以及 90% 的海外华文报业市场。2007 年，方正集团发布了数字出版战略，从汉字激光照排系统向全媒体的数字复合出版技术发展，积极研发包括数字印刷、手持阅读、互联网出版等在内的数字复合出版技术，这也被称为方正的"第二次技术革命"。方正阿帕比成为最大的中文电子书运营商和最专业的电子公文技术提供商，中国 80% 以上的出版社应用方正阿帕比技术平台出版发行电子书，方正阿帕比电子书已成功应用在全国 80% 的省级公共图书馆、76% 的 211 大学图书馆。

信息检索

信息检索是指信息按一定的方式组织起来，并根据信息用户的需要找出有关信息的过程和技术。目前，我们熟悉的基于网络的搜索引擎，实际上是汉语信息检索应用基础研究技术的一部分。

随着网络和信息时代的到来，搜索引擎市场拥有越来越庞大的用户群，搜索引擎产业也呈现出可观的市场收益。根据 iResearch 推出的《2009—2010 年中国搜索引擎行业发展报告》统计，2009 年中国搜索引擎市场规模达 69.5 亿元，相比 2008 年的 50.3 亿元增长 38.2%。艾瑞数据显示，2009 年，百度网页搜索请求量份额达到

76.0%。百度2009年财报显示，其全年总收入达到近44.5亿元人民币，年同比增长39.2%。

中国互联网信息中心（CNNIC）发布报告显示，2012年上半年，搜索引擎用户规模达到4.29亿，较2011年底增长2121万人，半年增长率为5.2%；在网民中的渗透率为79.7%，使用比例与2011年6月、12月基本持平。手机搜索用户规模达2.6亿，相比2011年，规模增长17.3%；使用率达66.7%，排名第二位，相比2011年，使用率增长4.6个百分点。

（马绍娜系首都师范大学硕士研究生，李艳系首都师范大学文学院副教授；《语言文字报》2014年6月27日第4版）

语音信息处理产业前景广阔

郭 婷 李 艳

在高度发达的信息社会，用数字化方法进行语音的传送存储、识别、合成、增强，是整个数字化通信网中最重要、最基本的组成部分之一。语言是人类相互沟通最自然、最方便的形式，因此，它是一种理想的人机通信方式。从技术角度看，语音信息处理是信息高速公路、多媒体技术、办公自动化、现代通信及智能系统等新兴领域应用的核心技术之一。语音信息处理技术的应用极其广泛，包括工业、军事、交通、医学、民用等各领域，具有极其广阔的市场需要和应用前景。

语音技术实现了人机语音交互，使人与机器之间沟通变得像人与人沟通一样简单。语音技术主要包括语音合成和语音识别两项关键技术。让机器说话，用的是语音合成技术；让机器听懂人说话，用的是语音识别技术。此外，语音技术还包括口语评测、语音编码、音色转换、语音消噪和增强等技术，这些都有着广阔应用空间。

语音识别技术应用广泛

由于每个人语音要素的参数存在很大差别，即使是同一个人的发音也存在着音变的情况，而且即便是机器正确地识别了人的语音，对于人类自然语言的正确理解也需要解决。同时，机器在识别人的声音时，还会受到周围环境嘈杂度的影响。因此，语音识别技术的研究发展成为语音技术界和产业界棘手而迫切的问题。

20 世纪 80 年代，我国的语音识别技术已经开始走向应用。语音识别技术产品开发主要有两个方向：一是大词汇量连续语音识别系统的开发，主要应用于计算机的听写机，以及与电话网或者互联网相结合的语音信息查询服务系统，这些系统都是在计算机平台上实现的；另一个重要方向是小型化、便携式语音产品的应用，如手机拨号、汽车设备的语音控制、智能玩具、家电遥控等方面的应用，这些应用系统大都使用专门的硬件系统实现。

语音识别技术发展到今天，特别是中小词汇量非特定人语音识别系统识别精度已经大于 98％，对特定人语音识别系统的识别精度就更高。这些技术已经能够满足通常应用的要求。由于大规模集成电路技术的发展，这些复杂的语音识别系统也已经完全可以制成专用芯片并大量生产。在西方经济发达国家，大量的语音识别产品已经进入市场和服务领域。一些电话机、手机已经包含了语音识别拨号功能，还有语音记事本、语音智能玩具等产品也包括语音识别与语音合成功能。调查统计表明，多达 85％以上的人对语音识别的信息查询服务系统的性能表示满意。

语音识别技术大规模应用于我国的通信行业，在中国移动增值业务上有所突破。金融系统也开始应用语音识别技术，如手机银行和电话银行根据用户的声音辨别真伪。

语音合成带动 500 亿相关需求

随着语音合成、手写识别、语音识别等智能人机交互技术的不断完善，智能手机、平板电脑、导航仪、电子书、电子词典、学习机、电子书包等众多智能终端设备中开始融入语音技术，使消费者的多元化需求得到了更好的满足。

目前，中文语音合成技术的应用领域主要有三大方面：一是基于 PC 的办公、教学及娱乐等智能多媒体软件领域，二是声讯服务领域内的智能电话查询系统，三是嵌入式语音合成技术领域。

目前，像安徽科大讯飞公司推出的《畅言 2000》产品、北京捷通华声推出的《盲人手机导航》项目等，都取得了很好的市场反响，并对汉语语音合成技术的推广产生了巨大影响。捷通华声的语音合成技术已可实现对各类信息以及电子书内容的语音播报。在汽车行驶过程中，驾驶员只需提前做好设置，当接收到新邮件或想听书时，语音合成技术便可将文字自动转换成声音播报出来。语音合成技术应用于医院热线服务及排队叫号系统中，使就医者在等候分诊、划价、交费、取药的过程中，都可以获得及时的语音服务。在银行等金融领域、电力等公用事业领域、博物馆等公共文化领域以及机场、车站等交通领域，自助语音服务也得到了普遍的使用。如今，一种新的语音合成技术开始运用于电影院的 LED 公告栏中，公告栏在显示文字信息的同时，还可以清晰播报出即将放映的电影名称、影厅号码及放映时间，使观影信息服务更加人性化。

随着手机、电子书等为代表的高性能嵌入式设备的涌现和嵌入式语音合成技术的进一步成熟，嵌入式语音合成技术的应用市场日益活跃。典型的嵌入式语音合成产品的应用环境包括以手机为代表的移动通信环境、以 GPS 导航为代表的汽车环境和以电子书、电子词典为代表的随身数码娱乐设备，而中国的手机、汽车和数码市场持续火爆，嵌入式语音合成产品市场也将前景广阔。

在语音合成方面，据专家对未来 2 ~ 3 年国内市场的预测，语音合成系统的个人用户市场潜力为 18 ~ 20 亿元人民币，而应用于行业的电话语音查询系统的市场份额将至少在 30 ~ 50 亿元人民币。据国家发展改革委专家组评估，语音技术在未来 5 年内市场总潜力有 50 亿元人民币以上，可带动相关产业 500 亿元以上市场需求。

语音信息处理市场三足鼎立

自 1997 年以来，IBM 公司推出的中文语音识别产品 "ViaVoice" 抢占了中国 90% 的语音识别市场。此外，英特尔、微软、L&H、摩托罗拉等公司也都瞄准了中文语音市场，投入了大量的人力、物力和资金，中文语音市场正面临国际竞争的巨大压力。

在中国语音技术市场竞争格局中，美国 Nuance 公司、北京捷通华声语音技术有限公司、安徽科大讯飞信息科技股份有限公司长期形成三足鼎立的关系。

美国 Nuance 公司是全球最大的语音识别技术供应商，致力于语音识别技术的研究和应用，语音识别市场份额占到 80% 以上。北京捷通华声语音技术有限公司语音技术国内市场占有率达到 50%。安徽科大讯飞信息科技股份有限公司的国内语音核心技术市场占有率超过 80%，目前占有中文语音技术市场 60% 以上市场份额，语音合成产品市场份额达到 70% 以上，在电信、金融、电力、社保等主流行业的份额更是达到 80% 以上。

（郭婷系首都师范大学硕士研究生，李艳系首都师范大学文学院副教授；《语言文字报》2014 年 7 月 25 日第 4 版）

语言技术行业已成为语言产业"元行业"

董潇逸　贺宏志

　　语言技术行业是语言技术产品与服务供需、产销活动的集合。现代语言技术的特征有二：一是直接对语言信息进行处理，二是能够实现人类自身语言功能的拓展与延伸。人工智能时代的典型语言技术及产品主要包括语音技术、文字技术、语义分析、语料库与语言知识库、搜索引擎、机器翻译、大语言模型、字库等。语言技术行业不仅为语言产业的其他行业提供技术支持，还为语言产业之外的其他行业的发展赋能。当前，语言技术行业在语言产业中的"元行业"功能日渐凸显。

　　从语言消费角度来看，语音识别、语音合成、文字识别、语义分析、语料库与语言知识库等自然语言处理的基础技术主要被 B 端企业用户使用，作为基础技术嵌入或集成于相关产品之后供 C 端个人用户消费；输入法、搜索引擎、机器翻译、大语言模型、字库等产品，一般可直接服务于个人用户；语料库与语言知识库主要为语言研究人员和相关产品研发者所用。其中，语音技术的核心功能是为各种智能产品赋能，实现人机交互，其应用场景与赋能产品的范围极其广泛。文字输入技术，包括以文字编码为基础的键盘输入法、以语音识别为基础的语音输入法、以文字识别为基础的手写输入法。语义分析技术以语料库技术与语言知识库技术为基础，对语言资源进行标注，将其转化为计算机能够理解的信息结构，最终使计算机理解和生成自然语言，完成人机对话。语料库技术是自然语言处理的基础，也是语言学研究的重要工具。语言知识库是计算机从语音、文字、词汇、句法、语义、语用等角度对语言信息进行处理的基础，包括词汇语义库、词法句法规则库、常识库等类型。搜索引擎产品以语义检索、语音识别等技术为基础，营利模式包括竞价排名和技术授权等，目前进入稳定发展时期。字库产品的营利来源包括字库软件授权业务、专用字体服务、嵌入式应用、云字库、互联网平台授权业务、视觉设计服务等。

一、当前语言技术行业的产值规模

语言技术产品与服务的供给主体包括企业、高校、科研院所等机构。我国处于存续、在业状态的含有语言技术业务的企业共 67107 家，注册资本总量近 10 万亿元。其中，含有机器翻译业务的企业 61190 家，占比高达 91%，但是，其注册资本量占比仅为 18.7%；机器翻译企业数量占全部翻译企业的比重为 11.5%。从数据分析来看，机器翻译的市场需求十分庞大，产品应用广泛，但规模企业很少。经营范围中含有自然语言处理业务、搜索引擎业务、输入法业务、字库业务、语料库与语言知识库业务的企业数量分别为 3389 家、969 家、862 家、415 家、282 家。以这些语言技术为主要经营业务的企业有 700 家左右，在含有语言技术业务的全部企业中占比 1%。

智能语音与对话式 AI 产品

目前，智能语音的语音识别、语音合成和语音转写已应用于互联网、医疗、司法、教育和工业等多个领域。智能语音软件在硬件产品中的应用包括智能音箱、智能家居、智能车载、服务机器人等；对话式 AI 产品以文本机器人、语音机器人、多模态数字人等为典型代表，广泛应用于客服、营销、问答、泛娱乐等对话交互场景。从供给来看，阿里、百度等综合互联网企业与科大讯飞、思必驰等 AI 语音企业已占据市场核心地位。从需求来看，个性化语音生成、语音转写翻译及语音审核的产品应用需求占比达到 26.5%；教育领域的口语考试、高教语音应用，以及翻译机、学习机等产品逐步成为青少年教育的刚性需求。从应用规模占比来看，互联网、司法和教育三个领域排在前三位，预计 2026 年这三个领域的应用占比合计将达到 64.4%。根据艾瑞咨询发布的研究报告，2023 年，我国智能语音核心产品规模为 116 亿元，带动规模为 616 亿元；对话式 AI 核心产品规模为 156 亿元，带动规模为 1175 亿元。总规模达 2063 亿元。

文字识别技术产品

据《2022 年中国文字识别 OCR 行业概览》，2021 年国内文字识别技术市场规模为 25.5 亿元，2023 年可达 39.5 亿元，预计 2027 年将达百亿级市场规模。

语料库产品

语料是根据需要进行采集、加工的语言资源，语料库是将原始语料按照一定的关联分类录入而形成的数据集合。由语言数据构成的语料库是自然语言处理研发的基础。据共研网发布的行业报告，语料库软件行业市场规模 2017 年约为 270 亿元，2022 年增长到 450 亿元。

输入法

随着 AI 助手、智慧办公、智慧金融、智慧教育等应用的拓展，输入法逐渐从单一的 C 端产品层向 B 端的场景应用层拓展，并在智能硬件的底层应用中逐步深入。搜狗、百度、讯飞、腾讯等输入法建立了开放应用平台，利用其技术优势为其他企业的产品赋能。据《输入法产业价值洞察报告》，2021 年我国输入法市场规模约 50 亿元，未来五年市场空间有望向 100 亿元靠近。又据《2023 年中国第三方输入法行业洞察》，2023 年中国第三方输入法市场规模已达到约 100 亿元，比上一年增长 20%。

搜索引擎

目前，国内市场占有率最高的搜索引擎为百度搜索。据网络流量监测公司 StatCounter 统计，2023 年百度搜索引擎的国内市场占有率为 65.68%。百度集团股份有限公司 2023 年年报显示全年营收为 1345.98 亿元，由此可推算国内搜索引擎当年的总营收约 2050 亿元。又据华经产业研究院的研究报告，我国搜索引擎行业 2015 年市场规模为 707.5 亿元，2023 年达 1450 亿元，2025 年预计将达 1680 亿元。

字库

字库的盈利模式主要包括字库软件授权业务、互联网平台授权业务、字库类技术服务。目前，我国的字库企业主要有方正、汉仪、文鼎等。从计算机个人用户到出版商，从古籍整理到数字出版，都是字库产品的消费者。据前瞻产业研究院发布的行业报告，2019 年中国字库行业市场规模为 8 亿元，随着 B 端和 C 端业务的持续拓展，2023 年超过 16 亿元。

机器翻译

机器翻译产品包括在线翻译与翻译软件、翻译机与翻译笔两大类，后者主要的生产商有科大讯飞、网易有道、汉王科技等。据智研咨询发布的分析报告，2016 年我国机器翻译行业产值仅 4.79 亿元，2021 年增长至 81.11 亿元，2023 年达 169.9 亿元，其中包含翻译机、翻译笔的产值 59.6 亿元。

大语言模型

大语言模型的营利方式主要包括两种，一是面向 C 端客户，通过付费版本收费；二是面向 B 端用户，或进行定制化部署，或收取 API 许可费。根据赛迪研究院发布的数据，2023 年中国大语言模型的市场规模为 132.3 亿元，增长 110%，2027 年预计将达 600 亿元。

需要说明的是，智能语音、对话式 AI 核心产品及创造的相关产业经济规模中应该包含机器翻译和大语言模型的产值。综上，2023 年我国语言技术行业年产值超过 4100 亿元，有望很快突破 5000 亿元。

二、语言技术行业发展的若干着力点

加快发展新质生产力，是新时代新征程解放和发展生产力的客观要求。语言技术、语言技术产品、语言技术行业无疑属于新质生产力的范畴。促进语言技术行业的发展，对提升我国的科技创新能力和科技竞争力、进一步获取人工智能技术的经济红利，具有重大意义。为此，可以着眼于以下方面重点进行"谋篇布局"：

一是促进语言技术企业集聚发展，可以考虑在东、中、西部区域布局建立一批语言产业科技园，打造示范样板，实现技术创新和产业发展的良性循环。二是创新语言技术人才培养机制，依托现有教育、科技、产业资源，分别在东、中、西部区域建立一批现代语言产业学院，创新专业、学科设置，通过产学研合作机制，培养现代语言学、计算机科学、语言技术学、人工智能、产业经济交叉复合型人才。三是不断壮大语言产业行业组织，建立语言产业、语言技术领域的全行业组织或分行业组织，推动包括语言技术行业在内的各语言行业的健康、规范、高质量发展。四是构建语言技术引擎功能系统，使语言技术行业在语言产业，乃至国民经济中发挥出更大的辐射带动作用。

（董潇逸系首都师范大学文学院、中国语言产业研究院博士研究生；贺宏志系中国语言产业研究院院长、研究员；《语言文字报》2024 年 6 月 12 日第 2 版）

异军突起的语言测评业

李赫宇

人们对语言测评并不陌生，但过去几乎都是外语测试，如托福考试（TOEFL）、研究生入学考试（GRE）、雅思考试，没有近30年连续火爆的留学热潮，或许就没有这3种英语测试的兴起。尽管很多外语语种都有针对外国公民的不同分级的社会语言能力测试并被先后引入中国，如法语语言测试（TCF）、德语语言测试（DAF）等，但现在最为人熟知的外语考试还是主要集中在英语上，其测试规模和社会影响也相对较大。

不知不觉间，近些年来国内的语言能力测评业同样在迅速发展，有些项目已经有了相对较长的历史。例如由政府主导并组织的全国大学英语四级、六级考试，专业英语四级、八级考试等。全国英语等级考试（PETS）则由教育部考试中心设计并负责实施，其成绩等级既可作为英语能力的权威性证明，又可为各单位判断待聘人员和在职人员的英语水平提供标准。

普通话水平测试（PSC）是我国为加快国家通用语言的普及进程、提高全社会普通话水平而设置的一项口语测试。1997年，我国有关部门出台了《普通话水平测试管理办法》，这标志着我国语言测试业的诞生。1997年的《管理办法》规定，"普通话水平等级证书有效期为5年"，超过期限将重新考核认定。2003年修订的《普通话水平测试管理办法》，取消了关于普通话水平等级证书有效期的提法，这就是说，普通话水平等级证书全国通用，无有效期限制。

全部测试内容均以口头方式进行，分为三级六等。普通话水平测试具有国家法定效力，这也在很大程度上有助于其实现推广的速度与广度，其推广、传播和发展也切实有效地促进了各民族、各地区的经济文化交流。据统计，2011年全国共有4090167人次参加了普通话水平测试。

为了建构覆盖听、说、读、写以及分别针对母语为汉语的人士、母语为非汉语的人士的全方位的语文能力测评体系，近些年来，国家语委还相继推出汉字应用水平测试（HZC）、汉语口语水平测试（HKC）、汉语能力测试（HNC），三项测试目前都还处于试点阶段。此外，在国家语委支持下，天津市语言文字测试中心还研发了"普通话演讲水平测试""普通话朗诵水平测试"等项目。根据国内市场的需求，语文能力测评机构也在逐步推出新的测评项目，例如职业汉语能力测试（ZHC），由人力资源和社会保障部职业技能鉴定中心（OSTA）组织研发，测查应试者在职业活动中的汉语实际应用能力。

目前，我国对外汉语能力测评领域也有较为显著的成果。国家汉办即孔子学院总部（编者注：现更名为教育部中外语言交流合作中心）是我国负责对外汉语能力测评的主要机构，致力于为世界各国提供汉语言文化的教学资源和服务，最大限度地满足海外汉语学习者的需求，开发和推广各种对外汉语考试。截至2011年11月，已在105个国家、地区建立了350多所孔子学院和500多所孔子课堂，海外学习汉语人数超过4000万。孔子学院通过特色化办学与多角度的社会服务拓展，不断拓宽办学渠道，并增进了中外文化的交流与合作。

由国家汉办负责实施的汉语测试的基本形式有汉语水平考试（HSK）、商务汉语考试（BCT）、中小学生汉语考试（YCT）。汉语水平考试（HSK）是一项国际汉语能力标准化考试，重点考查汉语非第一语言的考生在生活、学习和工作中运用汉语进行交际的能力。商务汉语考试（BCT）是为测试第一语言非汉语者从事商务活动所应具有的汉语水平而设立的国家级标准化考试，每年定期在中国和海外举行，考查应试者在与商务有关的广泛的职业场合、日常生活、社会交往中运用汉语进行交际的能力。自 2004 年以来，国家汉办还组织多个领域的专家，在充分调研海外中小学实际汉语教学情况的基础上，开发了中小学生汉语考试（YCT），旨在鼓励汉语非第一语言的中小学生学习汉语，培养和提高他们的汉语能力。

国内对外汉语能力测评领域中一些重要项目大多具有由国家保障的充分的有效性和权威性，这固然对于初期的汉语测评推广有一定的优势，较好地避免了水准不一、半路夭折、市场混乱等问题，但是这种组织管理机制却不完全有利于汉语能力测评的可持续发展与产业化，难以建构"公众监督—批评建议—自我反思—精准检验调整以适应市场—与时俱进地创新前进"这样的良性循环链条。国内的对外汉语能力测评虽然已经有了较为明确的目标对象设定和针对不同层次考生水平的考试内容，但相比西方而言，在产业服务对象的细分与管控、对测评对象后期反馈信息的提取和跟踪、产业链条中培训环节与认证环节的互利共生等方面仍存在着可发展革新的空间。在高速信息化、经济全球化的时代，对于大众传媒的使用与合理占领，对于网络的拓展和主动出击，配合上有品位、有深度的文化宣传内容，必然能够在对外汉语测评、培训的组织与传播中产生巨大能量。语文能力测评业是一个充满潜力的朝阳产业，相关部门和机构应努力解决其中存在的问题，提升语文能力测评业的水平，从而促进国家文化的弘扬和广泛传播。

（作者系北京市语言文字测试中心科研部主任；《语言文字报》2013 年 11 月 1 日第 4 版）

语言测试业的发展背景和趋势

朱海平

语言测试业是语言测试产品与服务供需、产销活动的集合。语言测试是对应试者的语言能力水平进行测定并作出评价。本文谈谈语言测试业的产品构成、发展背景和发展趋势等情况。

产品构成

语言测试产品按语种可分为汉语测试产品、外语测试产品和少数民族语言测试产品。语言测试是一种非实物形态的语言产品，是一种服务产品，语言测试产品因而也可称为语言测试服务。

汉语测试旨在测量参试人掌握和运用汉语的能力或水平，包括普通话水平测试（PSC）、少数民族汉语水平等级考试（MHK）、职业汉语能力测试（ZHC）、汉字应用水平测试（HZC）、汉语水平考试（HSK）及 HSK 系列的商务汉语考试（BCT）、中小学生汉语考试（YCT）等。国家语委还曾试点开展过汉语能力测试（HNC）和汉语口语水平测试（HKC）。方言地区有小规模的方言测试，如粤语测试、上海话测试等。还有朗诵、播音主持等语言艺术测试项目。

外语测试旨在测量参试人掌握和运用外国语言的能力或水平，包括中国主导的外语测试产品和外国主导的外语测试产品两大类。前者指我国自主研发、实施的外语测试项目，主要有全国外语水平考试（WSK），全国英语等级考试（PETS1—4），全国大学英语四、六级考试（CET4/6），全国高等学校英语专业四、八级考试（TEM4/8），以及全国翻译专业资格考试（CATTI）；全国外语水平考试（WSK）包括全国英语水平考试（PETS 5）、全国日语水平考试（NNS）、全国俄语水平考试（ТЛРЯ）、全国德语水平考试（NTD）、全国法语水平考试（TNF）。

外国主导的外语测试产品，指由外国研发，通过与中国国家考试机构和高等学校合作，正式引进中国并在中国大陆地区面向社会实施的外国语言测试项目。目前在我国开展的此类测试有十余项，涉及 9 个语种，包括：托福（TOEFL）、雅思（IELTS）、日本语能力测试（JLPT）、商务日语能力测试（BJT）、剑桥商务英语（BEC）、剑桥通用英语五级证书（MSE）、剑桥少儿英语（CYLE）、韩国语能力考试（TOPIK）、巴西葡萄牙语水平证书（Celpe-Bras）、法语学习文凭（DELF/DALF）、德福考试（TestDaF）、俄语等级考试（ТРКИ）、西班牙语水平证书（DELE）、意大利语水平证书（CELI/CILS）等。对于一些小语种，我国目前只有开设这些语种的高校在校内举办的专业考试，尚没有面向社会举办的水平 / 能力认证考试。

少数民族地区开展的少数民族语言测试，主要有壮语文水平考试、藏语水平等级测试、蒙古语标准音水平测试、苗语口语测试、彝语口语测试等。

发展背景

第一，中国经济的快速发展带动了出国留学的巨大需求。我国语言测试业发端于 20 世纪 70 年代末 80 年代初。改革开放、经济建设需要大批掌握国际先进科学技术和管理经验的人才，扩大公派及自费出国留学生的规模，大力发展外语教育成为必然的选择，这就需要通过语言测试来选拔出国留学人才，同时指导、评估外语教学质量。引进国外先进的语言测试产品成为当时中国的刚性需求。在此背景下，托福考试于 1981 年被引进国内，开创了外国语言测试产品进入中国市场的先河。

随着改革开放的深入，中国经济快速增长，出国留学和外语教育的规模也逐年扩大。2001 年，中国加入世界贸易组织，开始深度参与经济全球化进程，经济发展步入了快车道，当年出国人数达到 8.4

万人，较上一年增长 115%；2010 年，中国成为世界第二大经济体；2019 年，出国留学人数达到 70.4 万人，带来了参加国际认可的标准化语言测试的巨大需求。在这一过程中，雅思、剑桥英语，以及其他留学目的国的语言水平认证项目相继进入中国。

第二，国家语言政策法规带动国家通用语言、少数民族语言测试需求。《宪法》第十九条规定"国家推广全国通用的普通话"，国家根本大法明确了普通话的地位。1986 年，全国语言文字工作会议召开，正式把普通话水平测试纳入国家语言规划。1994 年 10 月，国家语委、国家教委、广播电影电视部联合发布《关于开展普通话水平测试工作的决定》，标志着普通话水平测试正式启动。2001 年 1 月 1 日实施的《国家通用语言文字法》第二十四条规定"国务院语言文字工作部门颁布普通话水平测试标准"，以专门法律的形式确立了普通话水平测试的地位，为普通话水平测试的大规模开展提供了法律基础。党的二十大报告明确提出要"加大国家通用语言文字推广力度"。

"大力推广和规范使用国家通用语言文字，科学保护各民族语言文字"，是我国基本的语言政策。《宪法》《民族区域自治法》《义务教育法》《国家通用语言文字法》等法律都规定，各民族有使用和发展自己的语言文字的权利。国家语言文字事业改革和发展中长期规划，以及"十三五""十四五"发展规划，都对少数民族语言文字的保护与使用作出了规定，提出了要求。在我国语言政策的指引下，少数民族语言测试在少数民族地区逐步开展起来。

第三，"一带一路"建设和文化强国战略带动中文国际传播需求。加强中文国际传播，是增强中国文化影响力、提高国家软实力的迫切要求。语言传播是语言测试的基础，语言测试是衡量语言传播效果的工具，也是促进语言传播发展的重要手段和有效渠道。2013 年，我国提出"一带一路"建设倡议，同年成为世界货物贸易第一大国，在此背景下，中文的经济价值得以体现。

"一带一路"需要语言铺路。语言相通是"政策沟通、设施联通、贸易畅通、资金融通、民心相通"的基础。"一带一路"建设和文化强国战略的实施，不仅需要"外语引进来"，而且需要"汉语走出去"；不仅需要发展出国留学教育，而且需要发展来华留学教育。中文考试是引领中文教学评价导向的"牛鼻子"，也是事关国际中文教育高质量、可持续发展的重要环节。截至 2022 年底，联合国教科文组织、联合国粮食及农业组织、世界旅游组织等 10 个联合国下属专门机构将中文作为官方语言，180 多个国家和地区开展中文教育，81 个国家将中文纳入国民教育体系，外国正在学习中文的人数超过3000 万，累计学习和使用中文人数达 2 亿。国际中文教育蓬勃发展，作为检测、诊断中文学习水平的中文测试，成为中文学习者的现实需求。

发展趋势

庞大的受教育人口基数是语言测试业发展的不竭动力。2019 年各类语言测试受测者达 4000 万人次，语言测试业产值 70 亿元。对统计调查数据进行综合分析后发现：普通话水平测试参与者累计已达 1 亿人次，年测试量将接近千万；少数民族汉语水平等级考试和少数民族语言测试工作不断推进；以中国汉语水平考试（HSK）为主导的对外汉语测试服务体系已累计服务超过 5450 万人次，且年测试量接近千万；同时，大学英语有着庞大的考试群体。

外国主导的语言测试应试总人次占全年语言测试总量约 5%，但测试产值高达近 30 亿元，占全年语言测试总产值的 40%，托福、雅思两项考试在其中占 91%。国外语言测试服务产品的市场化、商业化特征突出，以市场需求为导向，收费标准普遍较高。我国对内语言测试服务作为公共产品的公益性特征突出，对外语言测试服务收费标准总体也不高。语言测试格局从一个侧面反映了出国留学教育、来华留学教育、语言传播、人文交流、商贸往来等的发展程度，托福、雅思的比重同样反映了我国与英语国家在这些方面互动关系的发展程度。

我国正处在从语言测试大国发展为语言测试强国的过程中。2022 年 12 月，复旦大学—汉考国际中文教育测试创新研究基地揭牌，这也是全球首家中文教育测试创新基地。在揭牌仪式上，教育部中外语言交流合作中心负责人对国际中文考试发展提出三点建议。一是加强战略思维，加强中外互鉴，增强学术基础。开展中国汉语水平考试（HSK）的科学性研究，定期发布国际中文教育指数，创建课程标准研发平台，为国际中文教育各类标准的研发、测试和应用提供智库服务。二是加强系统思维，掌握市场需求。汉语水平考试（HSK）应当成为外国人来华留学、在华就业升职、海外中资企业在地人才聘用等的通行证，不断提升品牌价值，优化客户体验，整合政策导向，助力中文学习者完成从预科学习到来华留学，再到实习就业"三级跳"，并形成产业链。三是加强前瞻思维，推动汉语水平考试（HSK）成为运用最先进技术的中文考试。准确研判技术走势，与行业和产业界伙伴增强协同创新和跨界合作。

语言测试业的未来发展呈现以下趋势：强势语言测试产品仍将占据语言测试业的主导地位；规范化、标准化、体系化建设将为语言测试业注入新的发展动力；将更为重视语言实际运用能力的诊断评价，语言测试产品将进一步细分；测试语种将进一步丰富完善；测试服务产业链将不断延伸，带动上中下游一体化发展。

（作者系首都师范大学助理研究员，语言产业研究方向博士研究生；《语言文字报》2023 年 5 月 31 日第 2 版）

语言康复业：造福语言障碍患者

李志利

语言康复是康复医学的重要组成部分，是对各种语言障碍和交流障碍进行评定、诊断、治疗和研究的综合医学门类。我国语言康复业是一个新兴行业，它于上世纪 80 年代起步，经过近 30 年的发展，取得了长足的进步。与发达国家相比，我国语言康复业还有很大的差距，需要出台产业政策来支持，需要社会各方面关注和重视，唯其如此，才能营造一个良好的产业发展环境。

作为语言康复体系的核心环节，语言治疗是一门较新但发展较快的学科，美国在这一学科领域起步最早，处于世界领先水平，约有 90 年发展史。亚洲国家中日本发展相对较早，约 40 年发展史，韩国和中国香港约有 30 年的历史。

语言康复业是我国的新兴行业

在中国，语言治疗像康复医学的其他分支一样，是一门新兴学科。1988 年国家立项成立中国康复研究中心，建成后按照国外发达国家的康复模式设立了语言治疗科。这是我国第一个言语治疗科室。中心成立后，借助国外资料摸索从事语言康复，并派遣治疗人员到国外学习，邀请国外专家进行正规的指导培训，语言康复水平得到极大的提高。2000 年以后，成立了语言听力国际合作中心和吞咽中心，聘请了多名国外专家作为客座教授。借鉴国外评价方法和理论，结合中国的语言特点编制了失语症、构音障碍、儿童语言发育迟缓的评价方法，并向全国推广。

我国的语言康复业，以听力语言康复尤其是聋儿语言康复最为成熟。1983年，隶属于中国残疾人联合会的中国聋儿康复研究中心成立，其定位是全国聋儿康复工作的技术资源中心和业务管理部门，并承担全国聋儿康复协调组办公室职能。目前在中国各省市都建成了聋儿康复机构，初步形成了以中国聋儿康复研究中心为技术资源中心，以省级聋儿康复中心为龙头，以市级聋儿语训部为骨干，以基层聋儿语训班（点）为基础，以社区家庭为依托的聋儿康复工作体系。

语言康复治疗已有长足进步

据2011年数据，我国有约2780万听力障碍者，还有大量的口吃症患者，以及由于其他损伤和疾病而引起的诸如失语症、语言发育迟缓等患者，语言康复治疗有着庞大的市场需求。

经过近30年的发展，语言治疗逐步被医学界认识，也逐步被患者接受。通过努力，很多患者的语言障碍得到及时的康复治疗和训练并取得较好的疗效。目前，我国失语症、构音障碍的治疗水平已基本上与国际水平接轨。全国400多家医院和康复中心建立起语言治疗室，开展了语言康复工作，治疗病人的数量大幅增加。

为完善语言康复网络，加强语言康复机构和人才建设，我国于2005年制定了《基层聋儿康复机构基本设置推荐规范》和《听力语言康复教师执业资格准入管理办法》，明确了听力技术及语言训练服务的相关行业标准，建立了听力技术专业人员及听力语言康复教师资格认证制度。地方各级语言康复机构发挥区域技术资源中心和区域行业指导作用，提供康复技术服务，规范技术操作流程，对语言康复工作的技术人员进行培训。

我国语言治疗专业人才的培养工作经历了从无到有、不断壮大的发展历程。1991年，中国康复研究中心与首都医科大学联合办学，开始举办以语言治疗为主的全国听力语言康复培训班，至今已举办22期，至2006年已培养专业人才1200余人。同年，中国康复研究中心与首都医科大学联合建立了康复医学院，在日本JICA项目的支援下，率先在全国开设了康复治疗学专业，结束了国内没有语言治疗专业正规的大学教育的历史。中国康复研究中心的康复医学教育不断完善和提高，培养层次涵盖博士、硕士、本科、在职教育和继续医学教育。当前，一批临床医院和医学院校、科研机构，如华中科技大学同济医学院、中山大学医学院、安徽医科大学、河北省人民医院、江苏省康复医学培训中心等单位，已陆续开展语言治疗的教学和科研工作。

离发达国家还有很大差距

近几年来，首都医科大学、吉林大学、华东师范大学等高校陆续开始招收语言听力康复方面的研究生，但语言治疗专业人才缺口仍然巨大。国际上 SLP（语言病理学家）的需求量标准是每 10 万人口中 20 名，美国言语听力协会（ASHA）现有会员 12 万人，资格认证的言语—语言病理学家 98334 人，其中 1371 具有言语病理学家和听力学家两种资格认证，但仍面临不足。按国际上 SLP 标准推算，中国大约需要语言治疗专业人才 26 万名，可是目前我国培训的能进行大脑和神经损伤所致的语言障碍的语言治疗专业人才大约 1500 名，加上全国的聋儿语训教师，总计大约 6000 名。在水平和数量上远远不能适应大量语言障碍患者的需求。虽然香港大学的言语治疗专业的大学教育已有十几年的历史，总体上中国在这些方面与发达国家还有很大差距。

为提高语言治疗专业人才的业务水平，促进语言康复业的持续、健康发展，应争取在医学院校开办语言治疗大学本科教育和研究生班；继续举办全国或地区性培训班；对从事语言治疗和聋儿语训的人员开设国家认证的继续教育课程；尽快建立全国性的语言治疗协会或学会，多举办全国性和国际性学术活动，以及加强与国内、国外同行的学术交流；逐步改变目前语言治疗专业人才兼作 PT（物理疗法）、OT（作业疗法）的现象。

（作者系北京市语言文字测试中心职员；《语言文字报》2013年 6 月 21 日第 4 版）

三个瓶颈制约语言康复领域拓展

李 艳

语言治疗作为一个学科，在美国有90余年的历史，在我国开始于20世纪80年代中期。中国康复研究中心、中国医学科学院整形医院和北京医科大学口腔医学院先后成立了语言治疗科、唇腭裂儿童治疗室和治疗中心，为术后儿童提供语言治疗；中国聋儿听力语言康复中心是为聋儿提供语言训练的专业机构，并担负着聋儿语言训练教师的培训工作。

语言康复是对各种语言障碍和交流障碍进行诊断、治疗和研究，它是集临床医学、听力学、言语病理学、语言学、教育学、心理学等多学科为一体的综合性学科。

目前，失语症和语言发育迟缓被认为是具有代表性的语言障碍。此外，语言障碍还包括听力障碍所致的构音障碍、腭裂、发音障碍、口吃、吞咽障碍及认知功能障碍、精神心理障碍、口颜面失用、言语失用以及孤独症、缄默症所引起的语言障碍等。

在语言康复领域的发展中，存在着三个制约空间拓展的瓶颈。

语言康复服务供需不均衡

据残疾人口普查数据，目前，我国语言障碍患者数量达3542万，其中，儿童为329万，占9.3%，他们当中既有聋儿，也有脑瘫、智力障碍、孤独症以及唇腭裂儿童；成年人中，脑损伤、中风等神经疾病是导致语言障碍的常见因素，例如，患急性脑血管病者，有至少 1/3 会出现语言障碍。

由于聋儿数量每年新增 3 万人左右，急性脑血管病等病症也成为威胁中老年人健康的常见病症，相应导致语言障碍患者数量呈上升趋势。

另一方面，言语听觉科学实验以及康复机构的实践表明，经过科学的诊断、治疗和训练，语言障碍的康复率可以达到 90%。

现有语言障碍患者数量巨大（3542 万），并有新增趋势，可以作为判断语言康复服务需求量的依据；同时，语言障碍 90% 的康复率也说明了在语言障碍人群中推广语言康复服务的可行性。

但是，从语言康复服务供给来看，截至 2012 年底，全国语言康复机构仅 171 家，平均每个省份只有 5.5 家；目前，全国语言康复师仅有 4500 人左右，根据现有患者数量测算，语言康复师的需求量为 14.2 万人。

目前，我国尚未有高校开设语言康复专业，尚未系统开展语言康复专业人才培养。与此相对的是，语言康复需求数量呈不断增长态势，其中，仅新生聋儿就年增 3 万例，从而使供需矛盾问题愈发严峻。

语言康复研究进展不均衡

作为一个交叉学科，语言康复是以医学、语言学、教育学、心理学等多学科为支撑的，其中，语言学的有效介入，对于语言康复研究的发展是十分必要和重要的，例如构音、词汇、语法、会话训练以及语言理解能力评估等，都需要结合汉语或其他特定语言特点来进行方案设计。

特别是将语言康复作为一个单独的行业，从行业规划、管理、运营等角度来对其进行的专门研究则更少。2012 年，北京语言产业研究中心的《语言产业导论》中对语言康复行业作了专节论述，将语言康复纳入了语言产业的研究视野中，但由于语言康复与语言产业中的其他行业相比，具有更多的公益性质，在发展上也有着更多的不同于其他行业的特征，因此，也就更需要有产业视角下对语言康复行业的深入研究，从而在把握行业特性的基础上，寻找解决当前行业发展的资金、人才、管理等瓶颈问题的有效途径。

与语言产业其他领域相比发展不均衡

语言康复行业在语言产业的 9 个领域中，相对较为弱小，这是与其现有和潜在的需求所不相称的。以现有语言障碍患者 3542 万来计算，每位患者后面都有一个受到影响的家庭，按每个家庭 3 口人计算，涉及人数大大超过 1 亿人。

第二次全国残疾人抽样调查显示，我国学龄前听力残疾儿童中 75% 为重度以上听力残疾，每年有上万名新生听力残疾儿童需要植入人工耳蜗，而目前我国人工耳蜗的年手术量仅在 3000 例左右。成年听力残疾人，特别是老年听力残疾人的康复问题日益突显。60 岁以上人群中，听力残疾比例高达 11%，助听器使用率目前不足 10%。

因此，语言康复服务能否及时跟上、满足需求，不仅是医学问题、语言学问题，更是一个社会问题，与和谐语言生活目标的实现紧密相关。

认识到语言康复行业与整体语言产业之间的关系，从产业的角度来有效分析需求与供给，从而科学制定行业的发展规划，是语言康复行业实现健康、快速发展的重要前提。因为，语言康复行业只有自己拥有了造血功能，才能更好地处理系统内部各元素之间的关系，才能为提供公共服务、创造社会效益提供经济支持。

语言产业与语言事业一样，担负着提升国民语言能力、满足国民语言消费需求、构建和谐语言生活的任务。特别是语言产业中的语言康复行业，涉及对语言弱势人群的关怀，语言康复服务可以说是一种帮助语言障碍者进入或回归语言社会交际的关怀服务，在对策探讨中需充分认识这一特性。需要明确语言康复行业的特性，在创造社会效益的基础上，实现相关企业的经济效益。同时也要在对发展理念形成共识的基础上，整合政府部门、医院、研究机构、特教学校以及社区相关各领域的力量，建立科学的管理模式，以学科联动和人才培养为核心实现语言康复行业的高效、可持续发展。

（作者系首都师范大学文学院副教授；《语言文字报》2014 年 10 月 31 日第 4 版）

我国语言康复业现状与发展策略

白 杰 李 艳

既然人才培养是推动语言康复行业发展的治本之策，那么，我们有必要对当前国内外语言康复相关学科教育与研究状况进行梳理，在此基础上，探讨相应的对策与措施。

现状

我国语言康复行业处于起步水平。美国有 270 多所大学开设了与语言康复相关的专业，提供本科、硕士与博士课程，其学科建设以言语病理学与听力学为主。此外，一些有影响力的协会与科研院所对于推动语言康复行业的发展也发挥着重要作用，如拥有 11000 多名活跃会员的美国听力学会（American Academy of Audiology，AAA）致力于专业的教育与研究以及提高公众对听力的重视和安全意识；成立于 1959 年的美国言语—语言听力协会（American Speech-language HearingAssociation）是由言语、语言、听力学家组成的具有认证资格的学术组织，定期提供学术交流与培训，出版《言语—语言听力研究杂志》《美国听力学杂志》等系列刊物；美国中央耳聋研究所、美国 HOUSE 耳研所等也是从事语言康复研究的重要机构。

与国际流行趋势一样，我国的语言康复教育始于听力学，且形成了以言语治疗与听力学为主的教育与研究格局。我国内地的听力学教育始于 20 世纪 90 年代末，目前，约有 30 家教学机构开办了涉及听力学、言语疾病、临床医学、特殊教育等学科的大专、本科或研究生教育。

其中，首都医科大学是最早开设听力学教育的大陆高校，该校于 1998 年与澳大利亚听力学中心合作，开办 4 年制听力学本科教育，后于 2000 年在生物医学工程专业中设立听力学 5 年制本科和研究生教育。2000 年，四川大学华西医院和加拿大达尔豪斯大学，按照北美听力学教育模式建立了 3 年制听力学研究生培训中心。2001 年，南京医科大学成为国内首家招收康复治疗专业本科的医学院校，并设立了言语治疗实验室。2004 年，浙江中医药大学开设 4 年制言语听力系本科教育。2008 年，华东师范大学正式成立言语听觉科学教育部重点实验室，从事听觉、言语与认知障碍等方面的研究。2014 年，中山大学新华学院开设听力与言语康复学专业，这是广东省首个听力本科专业，授予理学学士学位；北京语言大学开设了特殊教育（言语听觉科学）本科专业方向，该专业采取小班授课方式，将于 2015 年开始招生。

除教学机构外，国内还有部分科研院所及高校附属医院从事与语言康复相关的科学研究与实践，包括北京东义德信语言障碍矫治医学研究所、中国康复研究中心听力语言康复科、第四军医大学（西京医院）第一附属医院物理医学与康复科、中国听力学会、中国国际言语语言听力协会、中国康复医学会康复治疗专业委员会言语治疗学组等 22 家科研机构，其中大部分机构集医疗、教学、科研于一体。

发展策略

我国语言康复产业起步晚，人才培养与输送机制，科研积累与创新机制以及政策与法律建设还不够完善。为此，探索一条适合我国语言康复产业发展的特色道路是迫切需求。

加快学科建设，完善人才培养机制

目前，我国开展语言康复教育的高等学府不到 30 所，且大部分采用小班授课的方式，人才培养速度远低于市场需求。面对语言康复服务需求数量与质量的不断增加，教育机构需要加快语言康复专业学科建设与人才队伍建设。

一要鼓励各高校在医学院或教育、语言等院系开设与语言康复相关的课程与专业，或者新增独立的语言康复类专业，为人才培养创造学术环境与教育条件。

二要在课程设置方面实行以实践为主的理论与实践相结合的教学方式。就本科教育而言，第一学年主要学习基础理论知识，包括听力学、发音学、语言学、言语病理学、神经学、心理学等；第二学年开始增加实践课学时比重；第三学年进一步深入学习语言康复技术；第四学年到特定岗位实习调研。鉴于我国语言康复产业供需矛盾突出，可以考虑4年本科学习期间，根据学时推进和学生对知识的掌握情况，安排不同的实习岗位和实习时长，适当增加学生实习、见习的时间。

三要不同层次明确定位各有侧重的教育。专科教育以培养助理听力学从业者与助听器验配师为主，本科教育与研究生教育则致力于培养听力学、言语病理学、临床医学等方面的人才。

加大科研投入，促进科研创新

我国语言康复产业的研究分布在科研院所、行业协会、高校附属医院以及独立运营的医疗机构。科研机构数量较少，缺乏专业性指导与经验，创新能力不足。为从根本上解决这一困境，应加强技术与资金投入，设立专项基金与奖项鼓励科研创新，以此促进学科建设与行业发展。

完善行业规范与法律机制

行业规范与法律支持是产业平稳、持续发展的重要保障。我国的语言康复教育与科研即将进入快速发展期，需要相应的行业规范和法律政策予以支持。目前，我国缺少关于听力学、言语病理学以及临床医学等从业者的专业认证机构，也没有颁布关于这些行业从业者的相关法律。从语言康复行业的健康、有序以及可持续发展来讲，行业规范以及相关法律的制定无疑也是当前亟待考虑的问题。

（白杰系首都师范大学硕士研究生，李艳系首都师范大学文学院副教授；《语言文字报》2015年7月3日第4版）

我国语言康复行业产品类型与供需状况

戈兆一　汪梦尧

当下，我国对残疾人及其康复工作高度重视，语言康复体系建设不断推进。语言康复行业面向语障弱势群体，具有"事业、产业"双重属性。语言康复行业的科学规划关系到语言弱势人群的平等发展和社会的整体进步，需要兼顾经济价值与社会价值。

一、行业界定及产品类型

语言康复是指通过对各种语言障碍进行评定、诊断、治疗和研究，恢复患者的语言功能（语言能力），涉及听力学、语言病理学、语言治疗学等学科。语言康复行业是语言康复产品与服务供需、产销活动的集合，是语言产业的行业形态之一，同时也属于大健康产业。

针对语言障碍对症施策，帮助患者恢复部分或全部语言能力的过程就是语言康复。这一过程也是语言障碍患者消费语言康复产品与服务的过程。语言康复产品与服务由语言康复行业供给。其中，针对听力障碍的产品与服务有测听仪器、助听器、手语翻译软件、诊疗服务等；针对视力障碍的产品与服务有盲文出版物、盲文写字板、盲文打字机、汉盲双向翻译软件等；针对发音障碍的产品与服务有语言沟通辅助器、早期语言评估和训练系统、构音障碍诊治训练系统等。此外，相关辅助设备有计算机辅助诊断设备、辅助诊断康复平台等。

二、行业供需

供给主体

语言康复行业的供给主体由两类机构组成：一类是提供语言康复公共产品与服务的机构，包括残联组织、各级听力语言康复中心、医院耳鼻喉科及康复科、康复专科医院、特殊教育学校、高校有关学科专业等；另一类机构提供营利性质的语言康复产品与服务，主要是研发、生产、销售语言康复产品与服务的企业组织。

需求主体

语言康复行业的需求主体有个体和组织两个层面：个体需求主要表现为语言障碍患者的诊断、评估、干预、治疗、康复等需求；组织需求主要指政府部门及语言康复事业单位着眼于保障弱势群体发展权益、体现社会文明进步而产生的语言康复福利建设、信息无障碍环境建设等需求。2018 年，国务院印发《关于建立残疾儿童康复救助制度的意见》（国发〔2018〕20 号），根据该项制度，听力残疾儿童可享受优惠或免费人工耳蜗植入、助听器适配及听觉言语功能训练等康复服务。

语言康复专业教育

国内听力学、语言康复专业教育分别起步于 20 世纪 90 年代和 21 世纪初，首都医科大学、华西医科大学、浙江中医药大学、华东师范大学等是较早开展相关专业教育的高校。从 2012 年开始，教育部正式批准"听力与言语康复学"和"教育康复学"进入本科专业目录，分属医学技术类、教育学类专业，"言语听觉康复技术"进入高职专科专业目录，属康复治疗类专业，2021 年高职本科专业目录新增"言语听觉治疗技术"专业；2016 年"手语翻译"进入本科专业目录，属中国语言文学类专业。目前有 40 余所院校开设了上述专业的高等学历教育；有近 20 所高校开展手语语言学或盲文文字学研究，97 所高校特殊教育专业开设手语和盲文课程。还有相当一批医学、语言、师范大学，在临床医学、中国语言文学等一级学科之下自设相关二级学科，或者在有关二级学科之下开设听力学、语言病理等研究方向。

三、细分行业的供需与产值状况

助听器

我国助听器生产商可分为三大梯队:第一梯队为海外助听器企业,进入中国市场早且建有生产工厂,综合竞争实力强,产品价格区间在 2000—40000 元;第二梯队是起步较早且已具备一定知名度的本土助听器品牌;第三梯队是依托社交软件、语音技术、医疗科技等优势平台,新近加入助听器制造阵营的"新势力"。目前,国产品牌助听器基本实现了芯片和算法自研,价格处于 2000—5000 元区间,也有部分价位数百元的助听器。从 2015 年至 2024 年 4 月,国家药品监督管理局共颁发了 293 张助听器产品注册证。目前,我国助听器市场规模为年 130 万台、60 亿元左右;助听器产品的市场渗透率在 5% 左右,存在着巨大的需求缺口。

人工耳蜗

来自澳大利亚、美国、奥地利的三家公司占据了全球 90% 的人工耳蜗市场。进口品牌售价达 15 万—30 万元,国产品牌售价在 5 万—10 万元区间。国产耳蜗在植入体的设计、声音处理程序、本土化售后体系等方面具有一定优势。截至 2024 年 1 月,国家药品监督管理局共颁发 48 张人工耳蜗产品注册证。目前,我国重度、极重度听障患者近 800 万人,能开展人工耳蜗植入手术业务的医院已达 200 多家,累计有 12 万余名听障人士通过人工耳蜗植入重获听觉。据有关资料,目前我国人工耳蜗市场规模为年植入近 2 万台、20 亿元左右。

信息无障碍设施设备

我国现有聋人、盲人群体超过 4000 万人,加上其他类别的语言障碍患者,直接关联人口达 2 亿之众。他们对以手语服务、盲文服务为代表的信息无障碍设施设备有着极大的需求。手语服务、盲文服务及其他无障碍服务的设备与设施,是无障碍环境建设的条件保障,是实现无障碍信息交流的重要支撑。

国家制定了无障碍设施工程建设标准,规定公共场所应当提供无障碍设施设备,保障无障碍信息交流和社会服务。信息科学、人工智能等高科技应用于手语识别与手语表达的研究,以及明文与盲文之间、语音与盲文之间的识别与转换研究，催生出很多新产品，如实时字幕机顶盒、盲用电脑、盲文点显器、盲文刻印机、听书机、手语翻译机等。此外，中国盲文出版社是我国唯一一家为盲人服务的出版机构，目前已形成年均出版盲文读物 1000 种 5000 万页、多媒体盲人读物 1000 课时、有声读物 1250 小时、大字版图书 200 种、无障碍影片近 100 部的出版规模。

综合估算，以个人用户为主（C 端市场）的手语服务产品、盲文服务产品、辅助交流仪器设备，以及主要面向机构用户（B 端市场）的语言康复训练仪器设备的市场规模已达 10 亿元级位。

语言康复训练

根据中国康复医学会言语康复专业委员会的数据，我国言语残疾及伴有言语残疾的人数超过 3000 万。他们在听力语言康复中心、综合医院康复科、康复专科医院、特殊教育学校、民营康复机构进行语言康复训练。

至 2020 年底，全国已建立 31 家省级听力语言康复中心和 861 家基层听力语言康复中心，全国听力语言康复专业队伍增长到 2 万余名，年综合服务能力已达 5 万人次。各级康复中心同时也是听力与语言康复救助服务的执行机构。根据《2021 中国残疾人事业统计年鉴》，截至 2020 年底，我国共有 1819 所听力言语残疾康复机构。

听力障碍诊断以及听力康复产品（助听器、人工耳蜗）的植入手术服务主要依托各级医院的耳鼻喉科，听力障碍的康复服务由公立或民营康复机构提供。语言（言语）障碍诊断主要依托综合医院耳鼻喉科、康复科或康复医院。成人康复服务主要由公立康复机构提供；大量的儿童康复服务主要由民营康复机构提供，语言（言语）障碍需要小班或"一对一"的个性化康复方案。

2023 年，全国共有特殊教育学校 2345 所，在校生 91.2 万人，特殊教育专任教师 7.7 万人，为语言康复训练和盲文教育、手语教育提供有力支撑。据相关资料，2020 年，全国有 815856 名听力残障人士、51030 名言语残障人士接受基本康复服务，加上在民营机构接受语言康复训练的近 30 万人，综合估算，目前的市场规模在 160 亿元左右。

综上，目前我国语言康复行业市场规模超过250亿元，乐观估计可达300亿元，预计2030年将达600亿元。目前，我国语言康复行业还存在一系列突出问题，特别需要从行业认知、人力资源体系、福利政策等方面着力解决，包括：整合与统筹语言康复社会资源，推动各细分行业高质量发展；扩大语言康复人才供给，更好地满足语言康复社会需求；加大语言康复扶贫扶弱政策力度，健全语言康复社会保障机制；依靠科技赋能，打造智能化、智慧化语言康复产品与服务；推进融合教育，各方面合力营造良好的语言康复社会氛围。

（戈兆一系首都师范大学文学院、中国语言产业研究院博士研究生；汪梦尧系内蒙古交通职业技术学院党政办公室教师；《语言文字报》2024年6月19日第2版）

语言艺术产业大有可为空间

李 艳

从广义上说，文学、曲艺、戏剧、广播、影视、书法等都具有语言艺术的属性，但电影、电视、戏剧、戏曲等属于综合性艺术形式。狭义的语言艺术指纯粹以语言为手段创造审美形象的系列艺术形式，有相声、评书、二人转等说唱艺术（曲艺），朗诵、演讲、播音、主持、书法等形式。如果进一步细分，语言艺术产业还可以分为书法艺术业和有声语言艺术业。

在人类艺术生产、生活中，依托语言表达的艺术形式占有很大的比例。如今，语言艺术业实际上已经成为比较成熟的业态，但被包含在文化产业或文化创意产业之中，由于这些语言的运用都集中在有特殊技能的艺人范围内，因而，语言艺术产业的独立范畴在人们的观念中似乎还未形成。

影视配音行业运行相对封闭

影视剧配音专业目前非常热门，这个行业兼职配音演员众多，全职人员属于少数。需要配音的作品有译制片、专题片、动画片、广告、电脑游戏等。配音对艺术性和技术性要求很高，随着大量动漫作品和国外影视作品进入我国市场，对专业配音演员的需求也越来越大；但与其不匹配的是高端配音演员人数稀少、配音人才培养的非专业化以及专业培训机构的不足。配音行业不像其他行业，有一个开放式的职业招聘。这个圈子相对封闭，基本依赖于"师带徒"或者朋友介绍。

2002 年，北京电影学院曾在表演系下开设了一个两年制的配音高职班，但只办了一届就停了；中国传媒大学播音主持专业曾有一个"通道班"，在三年级时选拔在配音方面有特长，而且对这方面感兴趣的学生，专门开设配音的课程；同济大学电影学院目前在本科阶段开设了配音专业。现在全国有 300 所左右的学校开设了播音与主持专业，开设表演专业的学校也很多，这两个专业都有能力培养配音演员。因此，有学者建言教育部放开专业设置，使一些艺术院校能够设立配音专业，培养配音专门人才。

在专业人才的培养方面，有一些障碍需要跨越。从业者普遍反映报酬低、评价标准不合理等。

配音演员出身的张涵予认为："配音演员的待遇 15 年来没有什么改变。15 年前，为电影配音是 300 元到 500 元，现在也是这样。海外大片配主角也不过 1000 元到 2000 元。"2005 年，电视剧中配主角，一般每集 250 元，配其他角色，一集就百元报酬。配音水平很难界定，不同水平配音演员没有收入差距，导致高水平的配音演员心理不平衡，逐渐转行或者把配音当成副业。

相声进入多元化艰难发展时期

相声是曲艺的一种，在内容上是喜剧艺术，在形式上则是对话的艺术。它是视听盛宴中语言运用产生经济效益的主要门类之一。

1990 年以来，电视晚会相声盛行。以"春晚"相声为代表，相声开始脱离现场，按照限定时间进行表演，在获得了较大成功的同时，也逐渐显露出僵化、形式主义的弊病。一直到今天，相声进入多元发展局面。1999 年天津众友相声艺术团"重返茶馆"，新世纪初，北京李金斗提出相声"重返剧场"，这些尝试开创了相声表演的多种形态。尤其是 2006 年郭德纲"德云社"的成功，为相声发展突破晚会形式、自我创新开创了范例。

1994 年，中国第一部情景喜剧《我爱我家》大量借鉴相声艺术要素，取得极大成功，同时为中国情景剧奠定了基本的艺术构架，这是相声艺术向新媒体渗透扩散的开始。2005 年，天津杨少华父子的《杨光的快乐生活》同样以相声做骨架，获得成功，实现了相声艺术与多媒介形态的融合共生。

由于相声还没有形成一个完整的市场体系，相声演员与相声作者之间的"贫富差距"增大，专业的、优秀的相声作者纷纷改行。相声作品的质量出现大面积滑坡。相声作品跟不上时代发展，脱离群众生活，曾经如《如此照相》《不正之风》《着急》这些反映普通百姓生活的作品难以出现，观众对相声的高期望值难以实现，相声的艺术形式难以创新，其产业及经济效益自然难以扩张。

口语表达是众多语言运用的基础

有声语言运用还包括播音与主持、演讲与朗诵等。20 世纪 80 年代初，《演讲与口才》杂志掀起了一股演讲热，并形成了一个固定用语"演讲与口才"。1983 年，语言学家许嘉璐在一次演讲与口才座谈会上，对倡导演讲高度评价："演讲除鼓动人民外，对内政、外交以及各行各业都很重要。……提倡演讲，培养口才，实际上是提高我们民族的思维能力和素质。"

20 世纪 90 年代初，《演讲与口才》的创办人邵守义撰写了我国第一部高等学校演讲学教材《演讲学》之后，又主编了《演讲学教程》，将演讲学理论知识引入了大、中学校课堂。说学（演讲学、口才学、论辩学、交际学）成为各类学校的常设课程，演讲也成为学生最平常的活动。口语交际的内容还进入了中小学的语文课程标准，口语表达能力的培养成了中小学的必修课。

朗诵，除了少数文艺节目里出现的诗朗诵之外，大都停留在课堂上，或语言类文艺节目的排演中。作为语文课程中的一项重要内容，它的作用与演讲相同，是口语表达能力的素质培养。它为进入播音、主持、演讲、配音、相声等领域，提供基础性的保证工作。

播音与主持的基础是运用语言，它是专业的入门，是语言运用的职业训练，体现在一部分受过专门训练的人群中，经济效益大都产生在这些受众的身上。

（作者系首都师范大学文学院副教授；《语言文字报》2014 年 5 月 30 日第 4 版）

挖掘书法的产业潜能

张 瑶 李 艳

2007 年，在国内书法界最高规格盛事"全国书法篆刻作品展"上，中国书法家协会负责人提出并阐述了书法产业这一概念。他说，书法在当代已经不仅仅具有欣赏用途，还衍生出分类详尽的艺术创作、教育培训、作品销售、收藏、拍卖、投资等多方面的配套产业。要做大做强书法产业，使之走向世界。

书法市场有千年历史

在古代，书法具有实用性，不管是写信，还是抄经，书法都是生活中必需的部分。书法艺术品所具有的社会教化与审美价值、文化承载与传承价值及人类意象思维开发的科学价值等所产生的社会功能，使其具有了使用价值和市场需求。书法的价值在中国历代都是被认可的，历代书画市场并存，而且随着时间的变迁，历史久远的书法价值和绘画一样愈显珍贵。西晋《商经》中云："粮油生意一分利，布匹百货十分利，药材生意百分利，玉器书画千分利。"

到了 7 世纪的唐朝，书法市场开始形成雏形。元《圣朝名帖记》中详细记载了从 7 世纪初至元时期许多书法名家的市场价格。褚遂良、颜真卿等大家墨宝市价每书一通碑黄金 200 两，少者 100 两。五代时在后唐都城洛阳出现了以经营字画为业的书画商，以后又出现了专售字画的店铺。

北宋、南宋时的都城汴梁、临安，繁华街面书画店铺林立。"茶肆酒馆，以挂字为荣。"当时，王羲之、王献之的墨宝价格极为昂贵。据记载，某日，一字画商找到苏东坡，欲售王献之的《鸭头丸帖》，开价白银 15 万两。苏东坡拿不出这样多的银两，只得望帖兴叹，仰首怅惋数月。

明清时，赏字藏画更成为一种社会时尚。一幅名家真迹挂壁，令家中主人身价倍增。当时社会对书法作品需求量极大，相应地出现了众多以卖字为生的书法家。著名文化人唐伯虎、文徵明、郑板桥等，都有以字画为生的经历。

1949 年以后，由于切断了书法市场及书法的商品属性，在将近 20 年的时间内，书法作品成了专供展出的非卖品。尽管尚有荣宝斋等几家字画店在经营，且价格并不太高，但鲜有人购买，书法作品市场事实上在萎缩的状态中。"文革"10 年，书法作品为"四旧"范畴，是被销毁、批判的对象，市场为一段空白。这种局面，一直延续到改革开放。

随着对外文化交流、往来和旅游业的蓬勃发展，书法作品市场也活跃起来。短短数十年间，经营书法作品的书画社、画店、摊点如雨后春笋般出现在全国的大街小巷。

现代书法市场形成完整产业链

在现今商业经济社会中，书法并不只有单纯的欣赏功能，围绕着书法自身产生了创作、教育、销售、收藏等活动，形成了一个完整的产业。目前书法产业这一概念似乎被人们接受，书法产业博览会也开始出现，例如乌海的"国际书法产业博览会"。

内蒙古乌海市在 2008 年 9 月被中国书法家协会正式命名为"中国书法城"，而后与中国书法家协会、国际书法家联谊会、中央数字电视书画频道联合举办的"2010 中国·乌海首届国际书法产业博览会"于 2010 年 8 月 28 日至 30 日在乌海市隆重举行。博览会邀请了日本、韩国、法国、匈牙利等 12 个国家的著名书法家以及包括香港、澳门在内的国内著名书法家、文化史学界的专家学者参加，堪称国际书法盛会。这一国际书法盛会弘扬了中华书法艺术，展示了特色文化建设成果，构建了国际交流平台，促进了书法产业的发展。

2011年9月3日至5日，"中国·乌海第二届国际书法产业博览会"隆重举行。本届博览会旨在探索中国书法产业发展新途径，推动书法文化在西部地区的产业化、规模化发展，以形成有权威、有规模、可持续发展的书法文化艺术市场，打造书法产业基地，推动乌海加快转型发展。

为此，该博览会举办了"展、赛、会、戏"4大类10余项活动，构建书法主题文化系统工程。"展"包括2011全国书法名家作品展、全国产业职工（石油、金融、铁路、电力、煤炭五大行业）书法联展、中国书法名城书画作品全国巡展、中国书法城乌海书法作品汇报展、乌海籍书法家作品邀请展、文房四宝展等12个系列书画展；"赛"包括2011全国乌海杯书法大赛、乌海市群众书法大赛等；"会"包括国际书法产业发展高端论坛、书法创作笔会、书画作品拍卖会等；"戏"包括开闭幕式大型文艺演出活动、中国书法城乌海音乐舞蹈诗画剧《大河书风》演出等。

来自全国各地和日本、韩国、马来西亚等20个国家与地区的著名书法家、专家学者以及500多家艺术品和观赏石展商参加了活动，各地书法爱好者、观众12万余人次参加了博览会，充分体现了产业性、国际性、传承性、创新性、群众性的五大特点。

书博会的举办，形成了健康高雅、文明和谐、独具特色的文化景观，带动了文房四宝、文博会展、书画奇石等文化产业的发展。正如中国书法家协会负责人所说："在全球经济一体化的今天，乌海连续两届举办国际书法产业博览会，目的就是通过搭建广阔的平台，把书法产业链条做大做强，走出乌海，走向世界。"

书法艺术品市场存在三大问题

随着艺术市场的繁荣，中国书法艺术也处于高度活跃时期，虽然受到先进的现代传播媒介的冲击，但同时也带来了新的机遇：书法的使用性减弱，却使其艺术性更为彰显。随着经济的崛起，中国书法的特殊魅力也被世界所认识，中国书法融可读性与艺术性于一身，成为收藏家的选择。如今，书法艺术品经营已经占有艺术市场的一定份额，但相比于中国画、油画等艺术作品，书法艺术作品还显清谈。

一是缺少规范的定价机制。书法作者的身份、地位等因素成为左右作品价格的一个重要方面，这在较大程度上影响了对作品本身艺术价值的评价。

二是缺少规范的市场营销。有一些书法作品经营者拔高作品价值、过度炒作，市场营销尚未实现有序化、透明化。

三是缺少合理的评价体系。根据国际惯例，策划展会者不能拿自己的作品或有人情关系者的作品进入自己策划的展会。然而在我国，书协常常既是策展者，又是参展者，还是评奖者，这无疑会影响对书法作品艺术水平的客观评价。

（张瑶系首都师范大学硕士研究生，李艳系首都师范大学文学院副教授；《语言文字报》2014年8月29日第4版）

我国语言艺术行业发展现状与趋势

武盟玄　李　艳

一、行业界定与产品构成

语言艺术是运用语言的手段创造审美形象的一种艺术形式。从范围上考察,语言艺术有广义和狭义之分。广义地说,凡有语言(包含文字)参与审美创作、表现审美形象的艺术形式都属于语言艺术,包括文学、曲艺、戏剧、戏曲、影视、书法等,但其中的影视、戏剧、戏曲等属于综合性的艺术形式。狭义的语言艺术指纯粹以语言为手段来创造审美形象的一系列艺术形式,文学、书法是典型的语言艺术,还有语言小品、相声、评书等以说为主的说唱艺术(曲艺),以及配音、朗诵、演讲、播音、主持、脱口秀等需要高超的语言技巧的艺术形式,也属于典型的语言艺术。

根据艺术形象的审美方式,语言艺术可分为视觉语言艺术、听觉语言艺术和视听语言艺术三类。视觉语言艺术如书法艺术品、篆刻作品;听觉语言艺术如配音、朗诵、演讲、播音、主持等;视听语言艺术如语言小品、相声等曲艺、脱口秀表演等。语言艺术产品据此区分为视觉语言艺术产品、听觉语言艺术产品、视听语言艺术产品。

视觉语言艺术产品通常是实体产品,视听语言艺术产品通常是剧场演出。当今数字时代,听觉语言艺术产品、视听语言艺术产品可实现数字化,如提供语言艺术产品的各类APP、网站(喜马拉雅

APP、相声随身听 APP 等），有的线下演出开拓了线上演播，线下线上活动融为一体，开辟出新的数字化商业模式。相关的产品还有智慧书法教室、朗读亭等消费终端设备。

语言艺术兼具审美性和娱乐性，语言艺术产品的生产依赖于艺术家的艺术创造力，兼具审美价值、文化价值和经济价值。语言艺术业的发展对语言培训业、语言出版业、语言测试业、语言会展业等具有关联带动效应，如演讲口才培训与考级、播音主持培训与考级、书法培训与考级、书法出版、书法文化博物馆、书法产业博览会等。

二、供需与产值分析

（一）供需状况

语言艺术行业的供给主体是提供各类语言艺术产品与服务的企业及其他机构。通过企查查平台检索，经筛选后得到语言艺术企业及相关机构 11317 家，其中 8639 家为企业性质，2678 家为事业单位、社会团体、公益服务机构性质，后者可统称为"第三部门"，提供非营利性的语言艺术公共服务，如人才培养、学术研究、艺术资源保护整理、公益演出等。此外，政府机构负责政策供给，其制定的相关政策与规划是语言艺术业稳步发展的条件保障。

语言艺术行业的需求主体，亦即语言艺术产品与服务的消费者，按照不同的消费需求和社会身份，可以区分为专门消费群体和一般消费群体。社会大众是一般消费群体，其一般消费需求就是欣赏、娱乐、情感、兴趣爱好等需求；一般消费群体中可分化出几个专门消费群体，主要包括学生、语言艺术业从业者、收藏家与投资者、外国人，其专门消费需求分别是教育需求、职业需求、收藏与投资需求、文化需求。这些不同的消费群体和消费需求构成了不同的细分市场。在海外市场方面，以德云社为例，2011 年德云社首次在墨尔本进行海外商演并且取得成功，此后，其海外商演扩展至美国、加拿大、法国、德国等地，形成了以外国人为消费主体的市场。

从经营范围来看，主要包括 9 类企业，分别是书法艺术品经营、篆刻艺术创作、相声演出、脱口秀演出、曲艺演出、配音服务、朗诵创作与交流、播音与主持培训、演讲与口才培训等。

从成立时间来看，我国语言艺术企业起步于 20 世纪八九十年代，初期增速缓慢，进入本世纪之后，开始明显增长，且呈现持续增长趋势，在 2016 至 2020 年间达到高峰，2020 年后因疫情而有所回落。

（二）产值分析

在书法艺术品市场中，国内的书画市场主要由拍卖行、文物商店、古玩城和画廊组成。2019 至 2021 年间国内书法艺术品成交额分别为 27.36 亿元、32.69 亿元、34.36 亿元。

根据《2021 年全国演出市场年度报告》，2019 至 2021 年间相声演出票房收入分别为 7.41 亿元、1.83 亿元、5.18 亿元，脱口秀演出票房收入分别为 5.61 亿元、1.39 亿元、3.91 亿元。

据智研咨询发布的研究报告，2022 年配音行业市场规模达 64.8 亿元，其中，电影电视配音占比最大，达 37.6%，其次为动画配音和游戏配音，占比分别为 21.9% 和 12.0%，其他还有有声书、短视频等 AI 配音新兴市场。疫情后的 2023 年，电影票房收入、游戏市场营收实现了 82.6% 的增长，估算配音市场规模应超过百亿元。

有关口才培训行业的研究报告显示，播音、主持、朗诵、演讲、辩论等口才培训市场规模数百亿元。如华经产业研究院报告显示，2021 年口才培训市场规模为 370.2 亿元，其中少儿口才培训市场规模为 207.2 亿元；智研咨询发布的研究报告显示，2022 年口才培训市场规模为 428.6 亿元，其中少儿口才培训市场规模为 232.5 亿元。据此估算疫情后 2023 年，口才培训市场规模应超过 500 亿元。

《2021 年艺术篆刻行业市场分析报告》指出，艺术篆刻行业生产总值达 5100 亿元，市场结构包括服务包装、原材料加工、产品研发、安装施工、一对一服务、质检监管、设计咨询。可见这一生产总值涉及上中下游产业链的全部产品与服务，其范围远超篆刻创作本身，因此，该数据仅作参考，不直接引用作为产值统计。

2020 年和 2022 年，因疫情干扰，语言艺术行业深受影响，产值为非常态。按基本趋势估算，2023 年书法艺术品、相声表演、脱口秀表演总产值不低于 45 亿元。在相声、脱口秀表演中，除票务收入之外，还有演出衍生品收入，加上相关曲艺表演、书法培训、篆刻创作等其他语言艺术产品与服务的营收，保守估算，2023年语言艺术业整体年产值不低于700亿元，乐观可达1000亿元。

三、发展趋势

语言艺术行业的书法、篆刻、配音、表演、培训五个分支行业，在发展过程中都面临各自的问题与挑战。应注意从国家、企业、个人层面着手，优化语言艺术行业的发展。从国家层面来看，通过制定相应的行业政策与市场规则，推动语言艺术行业建立健康的行业秩序、实现良性的运转。语言艺术具有教育和传播功能，能够展示国家形象，促进文化传播，因此在语言艺术创作中应重视国家形象的塑造，自觉担负起文化传承与传播的使命。对于企业来说，语言艺术企业应通过资源整合、跨界融合等方式激发企业活力，创新企业经营模式，生产优质的语言艺术产品，打造品牌特色，扩大产品的市场占有率和竞争力。在个人层面，语言艺术创作者要坚守正确的艺术价值观和健康的艺术消费观，遵守行业规范，做到德艺双馨，为消费者提供优秀的语言艺术产品。

在发展趋势上，消费主体年轻化、行业发展数字化、资源开发特色化需要引起进一步关注。

1. 语言艺术行业的消费主体趋于年轻化

传统语言艺术借助网络媒体，新颖的方式吸引了大批年轻消费者。以德云社为例，德云社将传统曲艺与时代潮流结合起来，如将"饭圈文化"融入相声表演中，吸引了无数年轻观众，并借助互联网极大拓宽了相声知名度，新媒体时代的相声已然以年轻人为主。脱口秀自从进入中国市场后发展迅速，吸引着数量庞大且消费能力不断增强的年轻人，以致脱口秀演出常常出现一票难求的情形。年轻消费群体追求个性化，崇尚个性消费，代表着消费的新方向。

2. 行业发展融入新技术，趋于数字化

新技术已成为艺术制作与传播的手段，互联网的发展丰富了艺术创作与呈现的方式。语言艺术行业依托互联网、数字化技术实现了行业升级，形成全新的数字化语言艺术产品，如语言艺术演出突破了时空限制，除了选择线下剧场，人们也可以选择PC端、移动端

观演（喜马拉雅、哔哩哔哩、抖音等 APP），虚拟现实的应用将带来沉浸式消费体验。又如网络拍卖打破了传统拍卖在时空上的限制，让书法拍卖市场更加大众化，信息更对称，交易更透明。可以尝试建立"互联网＋语言艺术"模式，通过互联网掌握消费者的消费习惯与个性化需求，同时让语言艺术创作、市场交易变得更加快捷，高效研发面向不同消费群体的语言艺术细分产品，进一步升级行业服务水平。

3. 语言艺术资源开发利用凸显特色化

我国语言艺术资源丰富，目前活跃在民间的各民族曲艺曲种有400 种左右，书法艺术资源如蒙文书法、藏文书法、女书习俗、水书习俗、石刻碑林等。这些语言艺术资源可以作为语言艺术产品的创作源泉，将其利用起来开发具有地方特色、民族特色的语言艺术产品，既弘扬地方和民族特色语言文化，又创造经济效益，为行业发展注入新的活力与动力。

（武盟玄系北京大学附属中学新馨学校教师；李艳系首都师范大学文学院教授、博士生导师，中国语言产业研究院执行院长；《语言文字报》待刊）

命名业：新兴的语言创意产业

李志利

命名是指以语言文字为主要符号，创意性地为各种机构、组织、产品以及个人取名。社会存在着大量的取名需求，取名行为的商业化、市场化便构成了命名业。命名业是一种新兴的语言创意产业，所取名称既要符合国家法律的有关规定，又要能够在众多选择中脱颖而出；既要朗朗上口、便于记忆，又要有好的寓意、符合审美标准。

《中国名茶志》记载："清康熙三十八年，康熙第三次南巡太湖时，巡抚宋荦从当地茶师朱元正处购得'吓杀人香'精品茶进贡，康熙以其名不雅，遂赐茶名'碧螺春'。"这一事例让人深感"名"和"命名"的重要性。

美国命名业领军企业 Lexicon（词霸命名公司）总裁大卫认为："好的名称就像诗歌一样，把丰富的含义和暗指压缩到一个词语之内。"

欧美命名业已形成巨大产业

随着经济全球化、信息化时代的到来，欧美命名业早已完成与广告业的切割，实现了集聚化发展和产业化经营，形成了一个巨大的产业，成长为语言创意产业的重要支流。依托命名业的发展，国外已形成众多著名机构，如英国的 Znterbrand（国际品牌集团）和 Novamance（新标志公司），美国的 Namestormers（命名风暴公司）、Landor（兰多）、Namelab（起名实验室）和 Lexicon（词霸命名公司）。

美国命名公司出现于上世纪 70 年代末，在 90 年代中期之后获得迅猛发展并趋于成熟，提供公司品牌名称、产品品牌名称、服务品牌名称、域名、标志语等服务。一些著名品牌名称如 Acer（宏碁）、Lucent（朗讯）、FedEx（联邦快递）、Duracell（金霸王）、Citibank（花旗银行）、Sprite（雪碧）等，就是美国命名业输出的品牌命名实例。

现在美国近 80% 的命名公司位于加利福尼亚州的海湾地区和硅谷地区，它们拥有全职语言学专家和商标专家，指导产品命名顺利通过商标法，并避免全球语言歧义，确保为产品赢得稳固的市场。命名公司有规范化命名程序：品牌名称定位—品牌命名—语言特征分析—商标域名检测—消费者测试。语言学专家几乎全程参与，在候选名称的创造过程中，需要运用词源学、形态学、构词法知识产生出尽可能多的候选名称，最终确保品牌名称能够适应多语言文化环境下的传播。消费者测试是检测品牌名称在消费者心目中产生什么样的联想，是否易于记忆和阅读，以及哪些品牌名称更受消费者的喜爱，它包括 association test（联想测试）、reading test（阅读测试）、memory test（记忆测试）、preference test（偏好测试）等。

Rivkin（瑞星调查公司）从 1991 年以来就对全美企业的命名状况跟踪调查，结果显示，到 1999 年，美国的所有品牌命名总量为 600 万次，命名公司完成其中的 12%，广告公司完成 27%，产值总计 150 亿美元，占同时期美国广告业总产值的 6%。《财富》杂志认为命名业是美国增长最快的新产业之一，并且还将业务延伸到了国际市场。

我国命名业才刚刚起步

我国现代命名业起步较晚。1993 年"圆顺取名"作为第一家正式注册的专业命名机构在西安成立。2000 年左右取名在广东、深圳等沿海地区开始流行。命名网站 2000 年只有七八家，2002 年发展到 70 多家，如今有 310 多家。业务范围广泛，包括为婴儿取名、成人改名、个人笔名、艺名、网名、风景区名称、街道名称、企业名称、楼宇名称、产品名称、口号、域名等。

国内命名机构业务发展模式有两种：一是通过口口相传，拓展业务；二是借助网络、电商平台占领市场。目前，后者渐成主流，以其中影响力较大的中华取名网和猪八戒网为例。中华取名网依托固定资深命名团队开展工作,团队由数人构成,从业经验丰富,利用多元理论,以头脑风暴方式产生 6 套最佳命名方案供客户定夺,收费标准较高,起步价 1888 元。猪八戒网利用自身的网络平台优势,根据客户需求汇聚海量方案,供客户选择。从 2006 年猪八戒网成立到现在,已经为超过 29 万家公司成功命名。其中不乏世界 500 强大企业,以及一些规模在 10 ~ 30 人的小公司等,甚至有不少仅几个人的工作室。

命名业发展任重道远

作为语言文化的特殊载体,命名具有鲜明的民族性。在命名方法上,大多数公司都是采用"五格剖象法"(1918 年初,由日本人熊崎健翁根据数理学开创,其核心是将人的姓名按五格剖象法来解释)为个人命名。为公司、机构命名则大都以《易经》、风水理论等中华传统文化为理论支撑。市场美誉度较好、占有率较高的取名机构,如中华取名网,已逐渐将业务主体转向公司、机构命名领域,并开始借鉴、引入世界主流命名工作程序,初步形成了根据行业性质、汉字特点、CI(Corporate Identity,企业识别)原理、美学理论,结合市场营销学、消费心理学、广告设计、品牌设计等理论的语言创意体系。

目前,国内命名机构的现状是:大部分是无照经营,消费者利益得不到保障;许多从业人员文化、知识欠缺,学者型专业人才匮乏,服务质量难以保障;命名大都基于中华传统文化,理论工具同质化严重,命名业竞争日益激烈;个人取名多于机构命名,同行竞相压价,价格有不断走低的趋势;公司普遍较小,短期内难以实现规模化经营。因此,要实现命名业集聚、良性发展,首先,应从国家层面,加强法制、资质和职业道德建设,促进规范经营;其次,命名业应加强行业自律,拓宽视野,扎根于民族文化土壤的同时,须着眼于多元文化背景下的兼容性,积极引入世界先进命名理论、工作规范,不断增强核心竞争力,逐步实现理性、有序竞争;最后,消费者也应树立健康消费心理,正确看待命名。多管齐下,最终引导命名业走上良性发展之路,早日形成产业汇聚,成长为语言创意产业的重要门类。

(作者系北京市语言文字测试中心职员;《语言文字报》2013 年 8 月 30 日第 4 版)

广告语言创意四策略

逄 博

语言创意产业的基本特征是以语言文字作为产品设计、表达的主要符号，以创意作为实现产品差异化的重要手段，使产品在众多竞争者中脱颖而出，获得目标受众的青睐。广告语言创意产业是其中一个成熟而重要的业态。

广告无处不在，是人们日常生活中接受频次最高的一个语言创意来源。虽然广告的传播技术、理念不断进步，表达方式不断多元化，但不可否认的是，高度提炼出的、浓缩产品特征的广告语是每一条广告不可缺少的重要元素，它帮助产品成功地塑造出差异化的气质风格。语言创意是广告成功的关键因素，对于广告语言创意来说，遵循以下策略可以获得良好的传播效果。

单一卖点

所谓单一卖点，是在营销时着重强调本产品最为突出的某一特性。这样做的好处是可以十分清晰地传达主导信息，便于受众接受、理解和记忆。在企业品牌创意中，我们可以列举一些耳熟能详的广告语创意。如汽车广告中，同属德国大众的汽车品牌"Polo"和"Beetle"在营销中非常恰当地运用了单一卖点策略。前者的广告语是"Small but tough, Polo"（小而强壮），后者的广告语是"Think small"（想想小的）。"Polo"的主打卖点是小但非常结实，安全可靠。相比"Polo"广告语的直白，"Beetle"广告语则显得更为含蓄一些，这一区别来自两种产品定位的不同。不同的市场定位，目标消费者自然也不尽相同。因此，广告营销策略、表达风格和方式都有一定的差异。相对"Polo"的直抒胸臆，"Beetle"则给人提供了一个想象的空间——"想想小的"，言外之意是小有小的好处。至于有什么好处，全待消费者自己去想，将思考的自由留给消费者，体现了一种尊重的态度，站在消费者立场上，表达出一种恰到好处的体贴。

以情动人

以情动人，要求广告创意不仅要站在消费者的立场说话，而且还要说得贴心，能够拨动消费者的心弦，让其感到这一产品与其精神气质、心理诉求恰好相符；或者使用这一产品，能够满足其表达某一情感、观念的需要。比如，新竹商业银行的广告：一辆汽车内，令人意外的是没有汽车座椅，空荡荡的车厢内摆放上了4把木头椅子，在椅子的空隙有一行小小的字，仿佛在悄声地问："钱不够用吗？"这行小字令人恍然大悟，不禁会心一笑，同时，又感受到广告主努力传递出的温情。这种用心的交流自然会收到理想的回报，可以设想，消费者在"钱不够用"的时候，或许会很自然地想起这则广告和做广告的银行。消费者购买产品时，在追求实质利益（功能诉求）的基础上，还有心理和情感的利益诉求。因此，在广告语言中运用好情感策略，往往会事半功倍。

整合营销

在广告创意中，整合营销不仅包括语言创意与画面、声音创意的整合，也包括不同媒体平台的整合，还包括对广告投放时机的选择与把握等。以统一润滑油的广告创意为例。2003年3月20日10点40分，伊拉克战争爆发。统一润滑油的广告代理公司与中央电视台沟通后，迅速联系统一公司，把握住了广告插播的机会。当天下午，确定了广告语言创意方案"多一些润滑，少一些摩擦"。3月21日，中央电视台对伊拉克战争进行了大规模直播报道，统一润滑油"多一些润滑，少一些摩擦"的广告出现在中央电视台战争直播报道特别广告中。这种安排快速及时、与战争新闻报道同步且浑然一体，既准确地诉求了"多一些润滑"的产品特点，又一语双关道出了"少一些摩擦"的和平呼声，耐人寻味。来自央视—索福瑞媒介研究机构的收视监视数据表明：伊拉克战争爆发后的前 4 天里，中央电视台一套、四套、九套节目的收视率较平时提升 400%，全国人均每天收视时间增加 13 分钟。广告营销效果迅速显现，统一公司官网点击率提高了 4 倍，有不少人打公司的服务电话来讨论战争进展、战争与和平的话题，统一润滑油的品牌影响超出了产品销售和使用的范围，许多原来不卖统一产品的零售店主动联系，许多司机则点名要加统一润滑油，使得当月出货量比 2002 年同期增加了 100%，销售额历史性地突破亿元大关。

稳中求新

对一个品牌来说，其核心理念、主要识别体系要尽量保持稳定，因为根据消费者行为学，营销传播的信息只有经过相当频次的重复，才能渗透进受众的有意接收层面，穿过受众的感知过滤层，得到受众对信息的有效解读。绝对伏特加的广告创意是一个典型的案例。绝对伏特加以其独特的酒瓶形状作为创意灵感之源，在广告语上以"绝对+……"的结构为基础，不断推陈出新，从第一则平面广告"绝对完美"开始，采用这一标准格式（瓶子加两个词的标题）先后制作了一千多幅平面广告，形成了绝对城市（如绝对日内瓦、绝对维也纳、绝对芝加哥、绝对北京、绝对台北等）、绝对口味（如辣椒味、柠檬味、柑橘味等）、绝对季节以及抽象广告、时尚广告、话题广告等 12 大主题。表现手法千变万化，将普通的酒瓶形象置于不断变化的、出人意料的背景之中。因此，绝对伏特加的平面广告创意总是能够给人惊喜，广告海报被许多人当作艺术品收藏。

（作者系首都师范大学文学院硕士研究生；《语言文字报》2014 年 4 月 18 日第 4 版）

语言创意产业发展现状与趋势

郭展眉　李　艳

《关于全面加强新时代语言文字工作的意见》（国办发〔2020〕30号）指出要"加强语言产业规划研究。坚持政府引导与市场运营相结合，发展语言智能、语言教育、语言翻译、语言创意等语言产业"，这是首次在国家层面明确提出发展语言创意产业。什么是语言创意产业？它的发展趋势如何？

一

语言创意是指以创意方式对语言文字进行设计，或以语言文字作为设计元素，形成具有差异性的、独特性的呈现或表达。目前，典型的语言创意活动包括命名服务（含互联网域名命名）、广告文案设计、语言景观设计和语言文创产品设计。

语言创意产业是语言创意产品与服务供需、产销活动的集合。在数字经济时代，语言创意产品可分为实体产品和数字产品，语言创意服务可分为线下服务和线上服务。数字语言创意产品和线上语言创意服务的供给依赖于数字技术的应用，丰富了语言创意产品与服务的供给形式，突破了供给与消费的时空限制。

命名服务

命名服务是以语言文字为主要符号，通过创意组合，为各种机构、组织、产品、品牌、物种、个人（人名）、地理单元（地名）、宠物等取名的一种语言创意服务，包括传统命名和互联网域名命名。

命名服务供给方主要包括为个人、企业、产品等提供命名服务的企业，命名网站及软件，以及热门社交媒体中提供命名服务的自媒体用户。

广告文案创意服务

高度提炼出的、浓缩产品特征的广告语是每一条广告不可缺少的重要元素，它帮助产品成功地塑造出差异化的气质风格。专业广告公司是专门从事广告业务的营利性的语言创意服务供给方，主要提供商业广告文案设计。兼营广告业务的机构有广播电视台、报社、期刊社等传媒机构。公共服务部门如政府机构、社会团体向广告公司购买服务，提供与其工作职责相关的公益广告文案设计，辅助发挥社会管理职能。随着 AI 应用场景的多元化，有的企业提供 AI 写作、文案在线生成器等产品／服务，还有企业提供语言创意分享平台，如深圳某公司旗下的文案分享网站。

语言景观设计

语言景观设计是对公共空间需要出现的语言文字符号进行选取、组合和编码，其物质载体可统称为各种语言标牌，成为单位（如商场、酒店、车站、景点、校园、医院等）、街道社区或城市、乡村整体公共环境的一部分，兼具信息价值、象征价值和审美价值。语言景观根据线下线上模式，可分为现实空间语言景观和虚拟空间语言景观，后者服务于虚拟空间的信息交流、交往和交换活动，主要指各类网站（官方网站、购物网站、社交网站等）界面中的语言文字呈现样式；根据语种数量，可分为单语景观、双语景观、多语景观；根据使用功能，有路名牌、地名牌、交通指示牌、店招、海报、（导览／导医／导购）提示牌、通知、告示、横幅、标语、电子显示屏、警示牌等，以及各类广告，起着指示、提示、说明、警示、宣传等作用。语言景观是社会语言学研究的重要内容，语言产业研究从供需关系、语言创意产品与服务、经济规模等方面探讨语言景观设计。语言景观设计的终端产品是各类语言标牌，其供给主体主要是各类标牌的设计、制作公司和公共服务部门，前者提供商业性语言景观，后者提供公益性语言景观。网络语言景观是数字时代语言景观的新形态，与新媒体的发展息息相关，其供给主体包括网页设计、制作公司和个人设计师，关联经营信息技术、数字媒体等业务的企业。

语言文创产品设计

语言文创产品设计是对语言文字的造型、组合进行创意化设计，开发出嵌入语言文字元素的文化创意产品，使其兼具实用价值、文化价值和审美价值，包括实体产品和数字产品。具有"衣、食、住、行、学、玩"功能的嵌入语言文字元素的实体文创产品有文化衫、水杯、菜谱、枕头、书签、汉字棋、成语扑克等，嵌入语言文字元素的数字文创产品有表情包、动漫形象、数字手办、电子纪念徽章等。语言文创产品研发还要考虑目标消费群体，如大学生需要的校园文创产品、中小学生需要的创意文具产品、老年人群体需要的老年文创产品、游客需要的旅游纪念品等。除了诸如灯谜、汉字棋、成语扑克、姓氏挂件、甲骨文表情包这样的纯粹或独立形态的语言文创产品，大部分产品是嵌入式产品，其供给主体涉及相关类型产品的生产企业、文创产品开发公司、工作室等，数量极为庞大。

二

单一型、营利性的语言创意产品/服务主要是命名服务，而广告文案创意服务、语言景观设计、语言文创产品主要属于复合型语言创意产品/服务。单一型产品供给主体的语言创意产值可以直接计算，复合型产品供给主体的语言创意产值需要取合理的比例予以保守估算。

命名服务方面，线下实体命名服务机构大多为个体经营，没有成形的行业组织和规范的行业标准，未发现可资参考的行业报告和统计资料，难以分析其产值状况。在线命名服务网站和软件的交易额多年累计已达百亿元规模。热门社交媒体中提供命名服务的自媒体用户也创造了一定规模的营收。互联网域名服务领域，我国域名投资和交易市场全年在线交易量、交易额在 2016 年分别达到 912.9 万个、33.7 亿元，2021 年的域名注册交易额不低于 14 亿元。我国命名业虽尚难以获得明确的年产值，但其总体规模应在 10 亿元级位。

广告文案直接关系广告活动的成败。据统计，在广告营销中，大众对信息的接受比例为：图像占 78%，文字占 22%。2021 年，全国广告业事业单位和规模以上企业的广告业务收入首次突破 1 万亿元，达 11799 亿元。参照《北京语言产业调查报告》，以 20% 的比例测算广告文案的产值贡献，2021 年为 2360 亿元。

语言景观设计方面，广告牌设计制作已包含于广告文案创意服务，其他各类标牌、招牌的设计制作，由于缺乏可资参考的行业报告和统计资料，尚难以分析产值状况。虚拟空间语言景观包括网站的语言景观和应用软件的语言景观，其规模累计可达百亿元以上。语言景观设计的年产值尽管尚难以做出判断，但至少可达亿元级位。

语言文创产品可见于社会生活的各个领域，其研发与生产涉及众多小类行业。例如，2020 年度全国博物馆文化创意产品开发种类超过 12.4 万种，实际收入超 11 亿元，其中应当有一定数量的语言文创产品。再如，北京冬奥会"你好"多语徽章、吉祥物及会徽衍生品等文创产品依托语言创意为冬奥特许商品注入活力，进而实现更高营收。2021 年我国文创行业新增相关企业注册数量 11464 家，全国规模以上文化及相关产业企业实现营业收入 119064 亿元，其中创意设计服务行业营收 19565 亿元，占比 16.4%。虽然目前尚没有发现可行的方法从中析出语言文创产品的比重，但可以做出一个大概的判断，语言文创产品的年产值总体规模达百亿元级位是可能的。

综上，目前我国语言创意产业年产值超过 2500 亿元。

三

当前，语言创意的行业意识、行业认知还有待建立，相关的行业组织、行业标准，以及系统的行业政策、规划都有待完善。与此关联，还没有规范的行业调查和系统的行业报告，行业产值和市场规模测算难度较大，这是语言创意产业发展面临的最突出问题。

落实国务院办公厅《关于全面加强新时代语言文字工作的意见》关于加强语言产业规划研究、发展语言创意产业的要求，应着力推进以下工作：一是推动设立相关行业组织，开展语言创意产业调查，制定相关行业标准；二是促进语言创意数字化、智能化发展；三是培养高质量语言创意人才，不断缩小人才供需之间的差距；四是做好语言创意产业发展规划和相关产业政策研究，加强语言创意知识产权保护，促进语言创意产业可持续发展；五是充分运用区域特色语言资源，实现行业差异化发展，如少数民族地区、边境地区和广大农村，往往有着独具特色的文化资源、语言资源，可开发特色语言创意产品，以语言创意助力语言扶贫和乡村振兴。

（郭展眉系首都师范大学文学院、中国语言产业研究院博士研究生；李艳系首都师范大学文学院教授、博士生导师，中国语言产业研究院执行院长；《语言文字报》2024 年 5 月 29 日第 2 版）

语言会展业：一种新型文化业态

戈兆一

作为语言产业的九个业态之一，语言会展业是一种新型文化产业形态，是推动语言产业聚合、自觉发展的有效平台。

会展业隶属于租赁和商务服务业。会展通常是指为商品流通、促销、展示、经贸洽谈、民间交流、企业沟通、国际往来而举办的展览和会议等活动。国际上会展业的产业带动系数约为 1：9，即会展收入如果是 1，相关的社会收入则为 9。

语言会展（语言文化类博览会）是一项由主办国政府组织或政府委托有关部门举办的，向世界各国展示语言文化、科技和产业成果的国际性专业会展活动。其本身可产生直接的经济效益，对相关行业的辐射、提升作用明显，是全球化、信息化背景下培育语言产业、延展文化影响、拉动地域经济、提升城市品位的重要手段。

近年来，语言产业在西方发达国家逐步兴起并迅猛发展，已成为西方各国文化产业发展的重要推动力。英国、美国、德国、法国、西班牙等国均视语言为重要出口产品，举办语言文化类博览会，促进语言产业发展，获取文化话语权。

到 2012 年，作为英语中心区，伦敦国际语言博览会已举办 24 届；作为德语中心区，柏林国际语言文化展已举办 25 届；作为法语中心区，巴黎国际语言博览会已举办 30 届。另外，加拿大、美国等国也有历史悠久的语言博览会。这些国家围绕语言文字博览会延展母语产业链、构建母语经济圈，通过吸引世界各地的展商及观众到会，在短时间内促成现场地交易、信息交流与人才聚集，以语言的向心力、传播力增强文化的影响力、凝聚力。

英国（伦敦）国际语言博览会（Language Show Live）是英国政府组织的面向语言学习者、爱好者，语言教师、语言学家、语言产业从业者、求职者的国际性专业展览，第 25 届将于 2013 年 10 月 18 日至 20 日在伦敦举行。博览会参展商业务涵盖教辅资料、语言学校、语言教学出版机构、商务语言培训机构、计算机相关语言学习、视听教育媒体出版机构等 24 种。参展商产品涵盖各语系，涉及语种 70 多个，并将手语纳入参展范围。博览会免费为热衷语言学习、语言文化交流的人们提供全方位协助和信息服务，为语言文化领域的合作与交流提供了宽敞有效的平台。每年的博览会来自世界各地的观众逾万人，参展商多半来自英国本土，也有一些欧洲和美洲国家参与，国家汉办已参展多届，推介精品汉语教材和相关读物，传播中国语言文化，反响热烈。

法国（巴黎）国际语言博览会（Expolangues）作为法国教育沙龙的延伸，是语言传播领域具有权威性的专业展览，旨在促进国际交流和语言的发展。2012 年的第 30 届展会荟萃了世界上 60 多种语言的展团、215 家机构，如歌德学院、塞万提斯学院、法国语言教学研究中心、法国教育部和文化部以及各国的文化中心、语言教学、教材出版、语言培训机构、文化和语言传播管理机构参加了展会。国家汉办率团多届参展，五洲传播出版社、长城汉语中心、中央广播电视大学音像出版社、香港三联书店等单位出版的针对海外汉语与中国文化爱好者研发的多媒体文化教学资源和多媒体汉语教材、教辅产品广受欢迎。

德国（柏林）国际语言文化博览会（Expolingua Berlin）是德语地区重要的语言文化展会，在欧洲乃至全世界均有广泛影响，已成为世界各国推广本民族语言文化的重要平台，至今已举办 25 届。博览会涉及语言 50 多种，吸引数百家展商参展。2010 年柏林国际语言博览会将汉语确定为"主宾语言"。国家汉办多届参展，千余种图书及中国传统舞蹈、武术等精彩表演，丰富了展会内容，活跃了展会的气氛。

我国作为多民族组成的大家庭，是多语种多方言多文种的国家，有着极为丰厚的语言资源。作为世界第二大经济体，我国语言产业发展程度却严重滞后，仍处于分散、自发状态。目前国内现有的语言文化类博览会，多以书法展会为主，综合性语言会展的举办仍是空白。这对于作为世界华语区中心的北京来说，不能不说是一大遗憾！

《国家中长期语言文字事业改革和发展规划纲要（2012—2020年）》指出，语言文字工作要"结合文化产业发展，注重开发语言资源，支持发展语言产业，为社会提供多样化语言文字服务"。2012年12月1日，首届中国语言产业论坛在京举行，倡导"繁荣语言事业，发展语言产业，建设语言强国"。北京市语委办及其领导下的北京语言文化建设促进会正在围绕语言产业9个业态，积极推动并筹办首届中国北京国际语言文化博览会，希望以此增强国民的文化自觉与文化自信，促进华语区与国际的语言文化交流，提升首都国际影响力，吸引先进语言产业企业、人才、技术集聚北京，在全国范围内率先建成语言产业发展中心。

（作者系北京市语言文字测试中心综合部主任；《语言文字报》2013年5月24日第4版）

语言会展业亟待推进"展会馆园"四位一体

李 艳 贺宏志

语言会展业指为实现语言产品、语言服务领域的物质交换、精神交流、信息传递等目的，将语言产业所涵盖的相关业态的人与物聚集在一起进行展示与交流的一种社会经济活动。这是中国语言产业研究院团队在 2010 年提出的概念。巴黎、柏林、伦敦等国际性大都市已经形成了举办年度国际语言文化展会（博览会）的惯例。在我国，2017 年 9 月 11 日举办的首届中国北京国际语言文化博览会（以下简称"语博会"），改写了世界华语区无语言主题博览会的历史。2018 和 2019 年第二、三届语博会的成功举办，进一步增强了社会各界对语言会展这一业态的认识。

"展"与"会"的特色和优势是集聚与高效，相对弱势是时间与空间上的局限性。在短短几天的展览结束后，如何将引人入胜的展出内容（包括精心设计的展位、展品，现场即兴的演出、互动）保存下来，让更多的观众看到、使其能发挥出更大的传播价值，是值得我们进一步思考的问题。

我们认为，可以构建"展会馆园"四位一体的语言会展业发展理念。"展会馆园"即展览、会议、博物馆、主题公园。

一

我们团队提出"动静结合、四位一体"的语言会展业理念。

相对而言，短时、定期的展会活动是"动"，常设、固定的博物馆、主题公园是"静"，将博物馆、主题公园业态纳入会展业研究范畴，有助于实现相关要素的整合传播，推动语言会展业的系统化发展。在这一界定方式下，语言会展业是由以语言产品为交流、传播内容的展、会、馆、园所构成的四位一体的互动系统："展"可以入"馆"、进"园"，"会"可以提升"展"的品质与内涵，"馆"和"园"又可以弥补"展""会"时间上的有限性，使更多的人能够更从容地参观、体验，同时激发人们对新一轮"展""会"不断创新的期待。

语言会展业是语言产业与会展业的交集。会展是以"形"（物质）之聚合、互动，实现"神"（精神）之扩散、传播，通过聚散达成人类经济、文化之鹄的。如果我们对语言会展行业作进一步细分的话，其中核心层是"展＋会"。以语博会为例，每届语博会在中国国际展览中心设展的同时，还举办主论坛和系列主题论坛，第一、二、三届语博会主论坛的主题分别为"语言科技与人类福祉""语言服务与人类生活""语言智能与语言多样性"；系列论坛包括语言产业与语言服务论坛、语言康复论坛、语言文化论坛等，来自50多个国家的数千名专家学者和企业界人士参与交流。这些形式可以使"展"的现场呈现、全息体验与"会"的深度交流、观点碰撞结合起来，汇聚国内外语言文化前沿思想和理念、最新高端技术和产品，搭建中外语言文化交流互鉴以及语言产业信息交流、企业宣传、产品推广、项目合作的高效平台。例如，第三届语博会展览包括新中国成立70周年语言文字事业发展成就展、语言企业和机构成果展、语言艺术展演与互动体验区，设京津冀协同发展展区、粤港澳大湾区语言文化展区，呼应"京津冀一体化""粤港澳大湾区"发展战略，并设置了以广西为代表的少数民族地区语言文化展。

二

语言文化博物馆是指以物质实体或数字媒体形式存在的，专门典藏、制作、陈列、展示具有社会历史文化意义和知识价值的活态言语样本及文字资料的学术研究与文化教育机构。它既是一个语言研究者和社会公众采集语言资源的通道，也是一个向社会提供语言学习和研究服务的平台，可以有效地保护和传承国家语言文化资源、语言类非物质文化遗产，以及古文字、少数民族语言、具有地域特色的方言和口传文化，成为挽救濒危语言文化、保护和传承历史语言文化、开展语言文化教育和科学研究的重要载体。作为专业博物馆，语言文化博物馆展现语言发展的脉络、语言之间的关系、地区方言和相关文献等。语言文化博物馆与语言文化博览会、语言文化节事活动一起，为公众提供丰富的语言产品与服务，为国民语言文化素养和语言能力的提升提供学习的场所与机会。在2022年全国热搜博物馆百强榜中，中国文字博物馆、西安碑林博物馆名列其中。

博物馆作为收集、保护和展示的平台，在物质、信息、人员的交流方面发挥着与博览会类似的作用。博览会具有暂时性，博物馆具有常设性，它们相互补充，共同推动行业发展。据挪威语言和文学中心2015年发布的《语言和书面文化的世界：博物馆，网站，庆典和纪念碑》，全球已建成60余座规模不一的语言文化实体博物馆，分布在各大洲30余国。该书还记载了24个语言文化数字博物馆、相关网站及16个国际语言文化节日，如世界盲文日（1月4日）、国际母语日（2月21日）、国际中文日（4月20日）、世界读书日（4月23日）、国际扫盲日（9月8日）、国际手语日（9月23日）、国际翻译日（9月30日）等。

近20年来，我国已建成一批语言文化实体博物馆和数字网络博物馆，如北京语言文化数字博物馆和2023年3月上线的中国语言文字数字博物馆。此外，还有书法艺术博物馆和书法碑林，如位于陕西西安的中国书法艺术博物馆、西安碑林博物馆，辽宁盘锦辽河楹联书法博物馆等。还有少数民族语言文化博物馆，如位于西藏拉萨市尼木县的吞弥藏文字博物馆，2013年开馆，是我国首座藏文字主题博物馆；内蒙古和林格尔蒙古文字文献博物馆，2017年开馆，是我国首座蒙古文字主题博物馆。汉语方言博物馆有岭南方言文化博物馆、太原方言博物馆等。

2019年全国备案博物馆5535家。相较于全国博物馆的总量，语言文化博物馆的数量尚微乎其微。我国是世界上语言多样性最丰富的国家之一，我们需要挖掘丰富的语言资源，重视建设与此相匹配的语言文化博物馆或专题展室，繁荣国家和地区的语言文化事业，丰富公共语言文化生活。

语言文化主题公园方面，有两种建设思路：一是将语言文化传播理念、现成的语言文化展品融入目前已经运营中的主题公园（比如主打亲子游的主题公园），丰富产品类型与内涵，延长产品线，增强创新活力。二是结合当地的语言资源特色，在综合条件具备的情况下，策划、设计、建设专门的语言文化主题公园，集纳我国不同历史时期、不同民族、不同地域的语言文化资源、语言文化产品、语言文化项目、语言文化研究成果等，通过展示、体验、表演、研学、创作、交流等丰富多样的方式，更为直观、有效地向国内外受众传播中华优秀语言文化。比如，我们团队曾设计完成一份完整的成语文化主题公园策划方案，包括成语元素在展厅、餐厅、酒店、游客中心、剧院等场所的细节呈现。其中，园中建筑、餐厅菜品都以成语命名；园中花草树木、亭台楼阁与成语主题结合，景观设计有闯关游戏等；推出品牌节目、系列影视短片、主题纪录片等。

三

语言会展在语言产业中是最年轻的一个行业，根据我们团队的调查，语言会展行业因其规模还较小，产值尚难以测算；但是，从其所具备的功能和担负的使命来看，我们相信，随着各界对语言会展认识的深化，在政策的支持下，语言会展业终将进入发展的快车道。

随着语言会展业"展会馆园"四位一体的发展，集语言文化博览会、博物馆、主题公园、产业教育园区、产业科技园区为一体，打造中国最高水准的语言产业集群、建成具有全球影响力的"中华语谷"愿景目标或将有可能成为现实。

（李艳系首都师范大学文学院教授、博士生导师，中国语言产业研究院执行院长；贺宏志系中国语言产业研究院院长、研究员；《语言文字报》2023年5月17日第2版）

语言产品与服务

手语翻译与盲文翻译

严孟春　李　艳

　　语言产业是以语言为内容、材料，或是以语言为加工、处理对象，生产各种语言产品或提供各种语言服务，以满足各种语言需求的产业形态，包括语言培训、语言翻译、语言出版、语言文字信息处理、语言创意、语言艺术、语言康复、语言测试、语言会展9个语言行业。语言翻译是典型的语言产业业态，本文谈谈翻译行业中的特种翻译：手语翻译和盲文翻译。

一

　　翻译是在人类互动的过程中，将口语或文字在不变更原文意思的前提下，由一种自然语言转换为另一种自然语言的活动。通常，翻译有四种基本活动形态，即口语翻译、文字翻译、手语翻译、机器翻译。人类实践中还有一些属于特别形态的翻译活动，如唇语、旗语、灯语、密码的转译和识别。

　　手语翻译是以手语（手指语、手势语）、口语为交际手段，在听障人士与健听人士间进行传译服务。手语翻译用途非常广泛。电视新闻节目、公安机关的案件调查取证、法院审判、医生了解聋人的病情，以及配有聋人的工厂、商店、银行等公共服务部门都需要手语翻译。

　　盲文翻译是一种特殊的文字翻译，服务于视障人士。盲文翻译是根据盲文的点位、拼写语法，将明眼文译成盲文，或将盲文译成明眼文。国内的盲文翻译主要是汉盲互译和英盲互译。需要具备良好的专业知识和长时间的盲文使用体验，才可以完成较高质量的盲文翻译工作。

机器翻译，又称"自动翻译"，是利用计算机将一种自然语言（源语言）转换为另一种自然语言（目标语言）的过程。机器翻译技术从早期的词典匹配，到词典结合语言学知识的规则翻译，再到基于语料库的统计机器翻译，进一步发展为神经网络机器翻译。计算机计算能力的提升和多语言信息的爆发式增长，促进了机器翻译大规模产业化应用，开始为普通用户提供实时便捷的翻译服务。如百度翻译自 2011 年上线以来，支持全球 200 多种语言互译，覆盖 4 万多个翻译方向，日均翻译量超千亿字符，服务 50 多万企事业单位和个人开发者。

二

综合中国残联有关调查数据，我国现有聋人、盲人群体超过 4000 万人，关联人口可能达 2 亿之众，对手语、盲文服务有着极大的需求。我国手语翻译在 20 余年间取得了较大的发展，在社会组织、企业及高校的共同推动和政策扶持下，全国残联系统成立了一些手语翻译服务中心。上海市政府"12345 热线"于 2017 年开通首个提供手语视频服务的政府热线。

中国聋人协会、中国盲人协会组织开展了一些社会服务。如中国聋协发布《会议场合手语翻译服务简明规范》，指导协调各地政府新闻发布会增配手语翻译。中国盲协与兰州大学合作研发了中国盲文数字平台，运用新一代人工智能技术和大数据技术，实现盲文翻译、盲文数字资源服务。

2015 年，《国家手语和盲文规范化行动计划（2015—2020 年）》制定实施。"国家通用手语标准"和"国家通用盲文标准"两项重大课题成果《国家通用手语常用词表》《国家通用盲文方案》经国家语委规范标准审定委员会审定，2018 年由教育部、国家语委、中国残联联合发布，成为服务特殊人群语言文字需求的国家语言文字规范。

国家语委、中国残联 2010 年依托北京师范大学建设国家手语和盲文研究中心，2013 年批准南京特殊教育师范学院建立中国盲文手语推广服务中心，2021 年分别依托华夏出版社、中国盲文出版社设立国家通用手语数字推广中心、国家通用盲文研究和推广中心。近 20 所高校开展手语语言学或盲文文字学的理论研究。全国 97 所高校特殊教育专业开设手语和盲文课程，郑州工程技术学院、南京特殊教育师范学院、郑州师范学院、营口职业技术学院、浙江特殊教育职业学院 5 所高校设立了手语翻译专业。

三

以"手语翻译"为关键词在企查查系统中检索手语翻译服务供应商，筛选数据后共发现 85 家在营的手语翻译服务机构和企业，其中有 39 家企业和机构将手语翻译作为主营业务。它们大多为民营的非企业组织（服务中心、培训学校）、社会团体（协会）及个体工商户，且大多是注册资金在 10 万元及以下的小微企业。知名的手语翻译企业有河南手语教育科技有限公司、上海声形手语创意设计服务有限公司、北京爱之声翻译服务有限公司、阳江万友手语翻译服务有限责任公司、手之声信息科技有限公司等。在听障人士及手语翻译群体中得到广泛运用的应用程序有搭载了科大讯飞语音识别技术的"音书"，此外还有腾讯优图研发的可将手语转换成文字的 AI 手语翻译机、长沙千博信息技术有限公司研发的可将语音转文字再转手语的手语翻译机器人等。央视新闻于 2021 年推出首个 AI 手语主播，由百度智能云数字明星运营平台提供技术支持，具备良好的手语表达能力和精准连贯的手语呈现效果。

我国唯一一家为盲人服务的出版机构中国盲文出版社，以及中国视障文化资讯服务中心（中国盲文图书馆），是中国盲人文化资源中心。如拉萨市扎久林盲文翻译有限责任公司这样的盲文翻译主营企业屈指可数，但也有兼营盲文翻译业务的企业，如深圳市译雅馨翻译有限公司。目前，提供盲文翻译服务的网站主要有 Braille Translator、小原盲文翻译和中国盲文数字平台。上海松茂信息科技有限公司研发了盲文点字编译系统，该系统可以无缝集成到办公软件中，一键实现汉盲转换，配合使用 EasyTac-tix 打印机广泛服务于视障人士和相关群体，运用于有相关需求的公共服务设施中。深圳市海擎天电子科技有限公司为视障人士研发的《永德读屏》软件，成为华人世界盲人读屏软件的佼佼者；其所研发的《明盲翻译家》软件实现将电子文本批量转换成盲文代码，并转换成点字显示器或者盲文刻印机可以识别的代码直接输出。

服务听障、视障特殊人群交流需求的手语翻译、盲文翻译，其供给既具有公共福利属性，又具有市场商品属性。想要更好地满足手语、盲文服务需求，需要制定并完善激励政策，鼓励和扶植手语、盲文翻译企业的发展。笔者建议中国残联、中国聋人协会、中国盲人协会，或相应的商会组织，进一步做好行业数据的统计、分析工作，编制行业发展报告，指导、支持手语翻译企业、盲文翻译企业的发展。

（严孟春系首都师范大学文学院、中国语言产业研究院硕士研究生；李艳系首都师范大学文学院教授、博士生导师，中国语言产业研究院执行院长；《语言文字报》2023 年 4 月 26 日第 2 版）

语音服务应用面面观

齐晓帆

近几年，语音服务软件的开发飞速发展，国内研发机构紧追技术进步，以科大讯飞为代表，在语音识别、语音合成、语音评测等多项技术上拥有国际领先的成果，为诸多行业和产品提供技术支持。

随着苹果手机在中国普及，由 Nu-ance 作技术支持的 Siri 语音控制功能也逐渐走进人们的生活。国内各机构看准语音服务这一领域，除研发语音技术外，还开发语音助手。现有百度语音助手、虫洞语音助手、快说语音助手、灵犀语音助手、搜狗语音助手、哦啦语音助手、小智语音助手、小米语音助手等多种产品。

语音识别让机器听懂人的语言

智能手机、MP3/MP4、车载导航仪大量普及，诸多移动新媒体设备体积逐渐减小。在行车、走路过程中，键盘输入很不方便、不安全，语音识别类软件恰好解决了这个问题。

语音识别类软件主要应用于语音输入系统、语音控制系统（如语音拨号、智能家电等）、智能对话系统（如宾馆服务、医疗服务、银行服务等），不仅为用户带来便捷和安全，也为不会打字、不方便打字的人提供了便利。

科大讯飞推出的轻量级智能语音识别系统 Aitalk3.0，能够方便地在嵌入式设备中应用，通过语音命令操作设备、检索信息，从而让用户解放双手、解放身体。它还为第三方提供开发接口，提供语音识别功能，识别速度、识别率在同类产品中处于前端位置。

用人的语音直接搜索

语音搜索是一种基于语音指令的服务。语音搜索技术应用于各移动新媒体客户端，如地图、社交软件、电话本、浏览器等。用户在客户端给出语音指令，然后客户端进行检索并将结果反馈给用户。主要的语音搜索功能包括应用搜索、电话查询、周边查询、天气查询、交通查询等语音询问。

科大讯飞汽车语点系统基于智能语音的操作方式，主要包括POI语音搜索、通讯、音乐点播、资讯搜索等4大功能。车主只要说出自己的目的地，系统就可以自动识别、匹配地图并导航。在行车过程中，如要打电话，只需说出对方姓名即可自动拨打；如想听音乐，只需说出音乐名或歌手名，系统便会自动在庞大的音乐库中搜索并播放音乐；用户还可以收听股票、新闻、天气、交通等节目。

将语音内容转换成文字记录下来

科大讯飞成功地开发了讯飞语音输入和讯飞输入法，支持语音发短信、微博、微信、QQ、邮件等，不仅支持普通话输入，还支持粤语和英语输入。可以边说话边输入，并根据说话的语气自动断句、添加标点符号。语音识别准确率高达95%，语音输入1秒内出结果。科大讯飞的语记本，成熟运用语音识别技术，打开软件，只要说话就可以迅速将语音内容转换成文字记录下来，将写日记、记录等需要动手才能完成的任务转变为动动嘴就可实现。

语音测评提高口语学习效率

语音测评类软件应用了语音识别技术，同时加入了语音测评技术，使机器自动对用户发音进行评分、检错并给出矫正指导，这项技术是智能语音处理领域的研究前沿，能帮助使用者提高口语学习效率和效果。

科大讯飞的软件《熊宝背课文》是这类软件中的佼佼者，它通过人机互动，实现真实的对话，有针对性地辅导学习，是唯一通过教育部鉴定的口语评测技术。科大讯飞的《听说无忧》英语学习软件，每天有内容更新，用户可以对着手机读出屏幕上显示的一句话，系统会自动进行语音测评并打出分数。可贵的是，系统还能提供准确发音和其他使用者上传的发音。

让机器能像人一样说话

语音合成首先进行文本规整、词语切分、语法分析和语义分析，然后进行韵律处理，最后进行声学处理合成语音，将文字转换成可输出的语音信息。地图软件中的语音导航、阅读软件中的语音阅读、语音天气预报、智能对话软件等都应用了语音合成技术。

科大讯飞开发的轻量级语音合成软件 Aisound 已经广泛应用于手机、MP3/MP4、智能阅读终端以及其他数字智能设备上，为用户提供语音交互功能。这项技术能够将普通文本字符转换为自然语音输出，支持的嵌入式平台和功能应用均非常广泛，成功面市的产品和应用案例呈爆发式增长。

科大讯飞合作研发的普通话发音测试软件是目前国内语音合成做得比较精尖的产品，综合运用了语音识别技术、语音测评技术和语音合成技术等多种技术。该软件致力于对用户普通话水平进行测试，用户只需按住屏幕上的图标，对着手机念出题目即可测试，根据发音准确率计算成绩。基于庞大的语料库和语法规则体系，该软件可以提供标准发音试听，帮助用户纠正错误发音。

语音助手具有多种服务功能

在移动新媒体环境下，技术不断发展，诸多应用软件应运而生。可以说没有哪一个应用是仅仅基于某一种技术，很多软件往往同时基于多种技术。对于移动新媒体来说，语音识别是输入，语音合成是输出，二者是语音技术中的基础技术，所有的语音服务软件都离不开这两种技术。因此一些公司同时也开发了两种功能交叉的软件，整合多种语音服务功能，主要产品是语音助手类软件。

科大讯飞的语音助手类软件《灵犀语音助手》，提供语音通信、语音提醒、各类信息语音查询、语音翻译和听书聊天等多种语音功能，获得了豌豆荚设计奖、通信世界网最佳语音产品奖和移动互联网创业之星年度最佳移动工具类应用。在其 3.0 版本中，更是展示了语音控制智能家电的功能，是国内目前唯一可以遥控家电的语音助手。

在《灵犀 3.0》的陪伴下，我们张口就可以切换电视频道，躺在床上就可以打开窗帘、调整室温。

（作者系首都师范大学文学院硕士研究生；《语言文字报》2015 年 3 月 6 日第 4 版）

互联网助力语言康复服务

白 杰 李 艳

语言康复业在我国属于新兴行业，仅有 30 余年的发展历史，其中，语言康复类网站是在 1996 年互联网进入我国后才逐渐出现的。近年来，其规模不断壮大，形式也更为多样，已由初期只对成人失语症、构音障碍进行治疗和评价，发展到现在可以对各种语言障碍进行评价、诊断、治疗和研究。

六大运营主体支撑语言康复服务

目前涉及语言康复产业的网站约有 133 家。根据业务范围，我们可以将这些网站划分为综合性网站与行业性网站两类。综合性网站有 22 个，以残疾人联合会下属网站、特教网站以及基金会为主体。这些网站的板块设置大致包括新闻发布、数据库查询、互动平台、产品服务、会员管理、就业指导以及交友娱乐等。行业性网站所占比例达 83%，该类网站主要涉及以听障、脑瘫、孤独症、口吃为主的语言康复类信息门户，语言康复特教学校、培训机构以及助听器与耳蜗销售网站。网站的内容包括新闻动态、组织发展状况、语言康复知识、教学成果展示、康复明星、家长服务（培训、日常康复注意事项、交流互动）、爱心捐助（寻求社会援助、帮助申请贫困项目）、下载中心（针对家长的康复信息和知识、针对教师的教学知识）、在线问答、康复用品推荐、志愿者服务、招生招聘。其中，新闻动态、组织发展状况、语言康复知识、教学成果展示、康复明星与家长服务六部分是大多数行业性网站共有的，而爱心捐助、下载中心、在线问答、康复用品推荐、志愿者服务、招生招聘部分则具有选择性。

按运营主体分类，语言康复类网站的运营主体分为以下六类：培训机构、信息门户、康复器材生产商、特教学校、医疗机构、基金会。其中，培训机构类网站52家，信息门户类网站43家，康复器材生产商类网站16家，特教学校类网站15家，医疗机构类网站5家，基金会官方网站2家。

两类运营模式各有特色

语言康复网站中，政府性质网站与半官半民性质网站一般实行公益化运作模式，而民办性质网站则包含两种运作模式，且以市场化运作模式为主。

实行市场化运营的网站主要包含以下四类：医疗机构、特教学校、培训机构以及康复器材经销商。该四类网站以提供康复服务与康复产品为主，以提供康复信息查询与指导为辅。市场化运作网站因其专业性优势，每天吸引大量用户咨询与交易。尤以医疗机构类网站为代表，该类网站通常设有自动弹出的咨询窗口，为用户提供各种专业性解答与建议。

在语言康复类网站中，实行公益化运作的网站数量很少，多为成年患者或患儿家长所创办，旨在通过亲身经历鼓励和帮助语言障碍患者获得新生和更多的康复机会，为该群体更好地融入社会开辟渠道。该类网站以提供康复信息为主，信息类型包括信息咨询、信息共享与查询。

公益性网站立足于为语言障碍患者及其家庭提供信息咨询与交流，而营利性网站旨在通过提供康复器材与治疗服务获取利润。服务类型的不同，导致其在受众方面存在一定的差异，主要表现在注册人数、每天浏览人数与互动频率三方面。

就注册人数而言，公益性网站要多于市场化运作网站；就每天浏览人数而言，市场化运作网站要优于公益性网站；而在互动频率方面，两类网站几乎持平。

公益性网站作为信息咨询与交流平台，多设有家长园地或论坛，除网站自身提供的语言康复知识外，家长之间通过交流与分享心得，互相帮助，互相鼓励，创建共同的语言环境，从而获得归属感。

完善语言康复服务的内容设置与互动功能

互动性弱可以说是大多数语言康复类网站共同存在的问题，虽然一些网站设有家长论坛等互动区域，但由于疏于管理、不能及时回复受众的问题，类似互动区域的使用率并不理想。更令人担忧的是，由于缺乏专门、规范的管理，语言康复类网站服务质量良莠不齐，这也成为语言康复行业在发展中亟待解决的问题。

把握受众需求，优化平台设计

登录语言康复类网站的用户多为患者和患者家属，因此，使用该类网站的目的性非常明确。网站要根据用户的需要，相应清晰设置各个板块。以语言康复类信息门户网站为例，其内容可以分为三大部分：一是网站功能简介，二是语言康复类新闻动态、语言康复知识以及康复明星等，三是患者及患者家属交流区域。除了以上板块之外，各个网站还可以根据自身的定位，设置特色板块，如爱心捐赠、志愿服务、康复器材或医疗机构推荐等。

增强互动意识，深化服务功能

语言康复类网站与受众之间常见的互动方式有以下四种：电话、电子邮件、咨询弹出窗口以及论坛。其中，电话与咨询弹出窗口是最快捷的交流方式，主要是为用户提供信息咨询；电子邮件具有为用户传输相关文本资料的功能；论坛则主要用于信息和经验的交流与共享，其互动性主要取决于注册用户本身。对于患者家属而言，通过家长论坛及时获取其他家长的康复经验与建议，能够减少错误治疗的成本和坚定康复的信心。例如，2004年留学美国加劳德特大学的赵女士（网名静心）和林先生（网名禅）共同建立了聋儿网。作为非营利性网站，其注册用户已逾3万，成为目前国内最大的聋儿家长交流平台。

（白杰系首都师范大学硕士研究生，李艳系首都师范大学文学院副教授；《语言文字报》2015年5月15日第4版）

作为语言创意产品的域名命名服务刍议

向静仪 李 艳

域名（Domain Name）是互联网上某一服务器或网络系统的名字，具有全球唯一性。人们通过域名系统（DNS，Domain Name System）的相互映射，将域名指向特定的 IP 地址，从而更加便捷地访问互联网。本文从语言创意产品的角度谈谈域名命名服务。

一

首先，域名与人名、地名、企业名等名称一样，都是应命名需求而产生的。域名是重要的网络入口和人机交互标识，具有显著的识别、引导和宣传功能，是网络品牌、商标保护的必备要素之一。根据全国互联网信息安全管理系统监测，截至 2022 年 3 月，我国用户访问的活跃域名总量为 5189.6 万个。在活跃域名数量排名前二十位的顶级域名中，".COM"".CN"和".NET"位列前三，域名数量合计占全国活跃域名总量的 80.4%。在地理分布上，国内域名应用排名前五位的省份依次是江苏、广东、四川、福建和山东，合计域名数量 2817.3 万个，占全国活跃域名总量的 54.3%。可见，我国域名注册市场已形成较大规模和成熟格局。域名市场的不断扩大伴生了大量的域名命名、管理等服务需求。

其次，域名的命名与其他命名一样，也是一种语言创意服务。互联网域名命名是一种新兴的语言创意命名服务产品，以文字作为产品设计的主要符号，以内容创意作为实现产品差异化的重要手段，通过对文字资源的加工设计，形成具有独特性与差异性的呈现或表达，满足个体、社会和国家的域名创意需求。目前，"51job.com" "hao123.com" "ku6.com" 等短数字、短字母、短单词、短拼音域名基本已经被域名投资者抢注完毕。现在，域名命名考验和比拼的主要是创意。

最后，具有鲜明特色、独特内涵的域名的商业价值蔚为可观。作为互联网的关键基础资源，域名的战略意义和商业价值为越来越多的企业所重视，抢注具有鲜明特色、独特内涵且易于记忆的域名，成为一种具有超高回报率的投资行为。例如，"China-Tours.com"（可直译为"中国旅行"）以 20 万美元成交；"TokyoHotels.com"（可直译为"东京酒店"）以超过 20 万美元的价格成交；"Candy.com"给其所有者带来了巨大的利润回报，该域名于 2005 年被购入时的价格是 10 万美元，目前，使用该域名需要向其所有者支付的费用包括 300 万美元、数百万英镑特许权使用费及数额巨大的交易费等。

二

域名命名服务产值是语言产业产值的组成部分。域名市场主要包括两部分：一是以域名应用和保护为目的的域名注册市场，域名应用主要是在网站、电子邮件等方面，域名保护则通常指企业注册与名称、品牌和商标相同或相近的域名，以避免被滥用；二是以投资为目的的域名投资和交易市场，域名投资通常是指注册域名或从其他持有人手中购买域名，并主要依靠交易实现获利，交易则通过转移域名所有权完成。2021 年，全球前 100 域名销售总额达 3.474 亿元人民币，较 2020 年增长 214%。该数据表明，当前全球市场对优质域名命名需求庞大，尤其是字符简短、内涵优越、针对性强、通用度高、不可替代性强的极品域名，拥有巨大的市场潜力。

在域名应用及从业机构规模方面，2021 年全球通用顶级域名（gTLD）从业机构数量最多的国家和地区排名中，中国（大陆地区）和中国（香港地区）位列前五。中国（大陆地区）的域名注册管理机构和域名注册服务机构数量均占全球的 3.5%，中国（香港地区）的域名注册管理机构和域名注册服务机构数量分别占全球的 3.1%、2.2%。我国域名从业机构市场规模集中度较高，运营".CN"".中国"".公司"".网络"的中国互联网络信息中心（CNNIC）和运营".COM"".NET"".CC"".TV"的威瑞信公司分列前两位，合计市场份额为 88.9%；共有 34 家域名注册管理机构获准在我国境内运营和管理 150 个顶级域名，注册地主要集中在北京、广东和上海三地；176 家域名注册服务机构获准按相应的域名注册服务项目提供服务，注册地主要集中在北京、浙江、广东、福建和上海五地。

中国信息通信研究院的数据显示，截至 2021 年 12 月，全球和我国域名注册市场规模分别为 3.56 亿个和 3600 余万个。中国是全球第一大国家与地区顶级域名（ccTLD）注册市场，也是仅次于美国的第二大域名注册市场、第二大通用顶级域名（gTLD）及新通用顶级域名（ngTLD）注册市场，市场规模分别占相应全球市场的 15.6%、10.2%、7% 及 13.2%。

2015 年，我国域名投资和交易市场迎来爆发式增长，全年在线交易量和在线交易额分别同比增长 7.5 倍和 5 倍，达到 175.2 万个和 20.2 亿元；2017 年，市场开始步入调整期。相关研究报告显示，2021 年，中国域名市场规模为 4.1 亿元，预计在随后 3 年保持 32% 左右的增长率，达到 7.2 亿元。由于域名首次注册和保有的费用相对较低，因此交易额可大体反映用于域名投资的资金规模。

三

互联网域名具有重要战略价值。域名具有公共语言产品的属性，在充分把握互联网域名公共属性的基础上，中文域名越来越成为构建网络空间命运共同体的重要实现载体。

中文域名，是含有中文字符的新一代通用域名。截至 2022 年 12 月，我国网民规模达 10.67 亿，互联网普及率达 75.6%。立足于我国网民规模、国家与地区顶级域名注册量均为全球第一，互联网发展水平居全球第二的现实基础，中文域名命名服务产品将更好地服务于我国由网络大国向网络强国迈进的目标。

《"十四五"信息通信行业发展规划》提出，要"完善中文域名应用环境,进一步推动中文域名推广应用"。中文域名的推广应用不仅能够优化网络空间中语言文字的多样性和平等化表达,增进语言产品使用者的文化认同、语言认同和身份认同,而且能够促进庞大的汉语用户群体对品牌特征的识别和对品牌文化内涵的感知,降低信息记忆、推广、传播成本,有效提升语言创意产品的广告转化率。随着数字网络化的迅速发展,中文域名逐渐成为企业最重要的数字资产及未来生态建设的发展路径。与有形资产使用时间越长折旧越多相反,域名使用时间越长,认知度越高,影响力和价值也就越大。

中文新顶级域名已成为互联网的关键基础资源,而网络关键基础资源的占有量和质是衡量国家和企业网络规模及其在全球互联网中管理权重的重要指标。《全球域名发展统计报告》数据显示,自2010年中文域名正式被写入全球互联网根域名系统以来,全球共有97个国际化通用顶级域名(IDN gTLD),域名保有量为43万个,全球中文通用顶级域名数量为57个,在国际化通用顶级域名(IDN gTLD)中占比59%,域名保有量36.6万个,在全球国际化通用顶级域名(IDN gTLD)保有量中占比85.1%,形成了".网址"".在线"".公司"等新通用中文顶级域名。可见,在全球国际化域名发展缓慢的形势下,中文域名已领跑全球多语种域名,市场规模及影响力逐步扩大。

综上所述,域名具有公共性、战略性、商业性等多重属性,是促进互联网与经济社会各领域发展、推动我国网络强国建设的基础支撑和重要引擎。

(向静仪系首都师范大学文学院、中国语言产业研究院硕士研究生;李艳系首都师范大学文学院教授、博士生导师,中国语言产业研究院执行院长;《语言文字报》2023年3月29日第2版)

旅游业语言服务状况调查

李　艳　齐晓帆

在我国旅游业快速发展过程中，一些问题逐渐暴露出来并亟待解决，如导游语言服务能力良莠不齐等问题。在语言服务能力方面有欠缺的导游，不仅不能为游客的旅行锦上添花，反而会极大败坏游客的心情，使游客对旅游目的地的评价大打折扣。在这一背景下，研究导游语言服务存在的问题以及如何有效提升导游的语言服务能力和素养，显得尤为迫切。

在国家旅游局颁布的有关管理条例中，对导游的语言服务有明确要求。在《旅游景区讲解服务规范》中，对"讲解导游的方法与技巧"也有相关规定。在高校的旅游管理等相关专业中，教学内容包含了"导游讲解语言运用技巧"，对如何通过语调、语速、音量、停顿等的控制来巧用声音进行技巧指导。当前旅游业语言服务的状况如何，我们作了规模不大的市场调查。

对导游的调查

通过问卷调查发现，从业时间在 8 年以上的老导游，对导游的语言服务水平和整体素质评价较低；而从业时间在 2 到 5 年之间的新导游，对导游的语言服务水平和整体素质评价较高。如对"目前导游整体语言服务水平"问题，认为"一般"的占 45.5%，认为"比较高"的占 36.4%，认为"比较低"的占 18.2%。从业 5 年以上的导游接受语言培训的意愿高于从业时间 4 年及以下的导游，两者比例分别为 66.7% 和 40%。近几年入职的导游多接受过语言培训，是导致这一差异的主要原因。如对"您入职时，企业是否对语言能力有所要求"问题，有 36.4% 的人回答"有"。具体到不同的入职时间，却又可以发现一些差异：从业时间在 4 年及以下的导游选择"有"的比例为 60%，从业时间在 5 到 8 年的导游选择"有"的比例为 33.3%，从业时间在 9 年及以上的选择"有"的比例为 0。

从回收问卷看，被访者所在的企业组织语言服务方面的培训非常少，只有 9% 有语言培训，91% 没有语言培训。63.6% 的被访者表示所在企业没有语言服务方面的考核。对于所在企业"是否将语言服务水平与绩效挂钩"，27.3% 的人选择"是"，45.5% 的人选择"否"，还有 27.2% 的人表示"不清楚"。

随着旅游市场的发展与不断成熟，游客对导游服务的要求也不断提高，这也促进了导游语言培训市场的繁荣。在对旅行社导游的访谈中了解到，目前针对导游的培训服务非常多，除一般的语言培训外，旅行社还会邀请经验丰富的老导游担任讲师，设计具体情境来进行实战培训。因此，特别是 2010 年以后从事导游工作的导游，接受语言培训的比例较高，整体素质也较为均衡。

在希望得到的语言服务培训内容种类的选择上，"导游词表达技巧"和"与游客的互动技巧"所占比例较高，分别为 72.7% 和 63.6%；之后是"语言使用的基本知识"（36.4%）、"体态语"（27.3%）、"礼貌用语"（18.2%）。在这一问题的回答上，从业时间不同的导游也表现出明显的差异：新导游集中于选择"与游客的互动技巧"，而老导游却多选择"语言使用的基本知识"。

在调查中，81.8% 的被访者表示曾经历过因语言使用不当出现"沟通不畅"问题，54.5% 的人表示出现过因语言使用不当而导致"游客不理解"的问题，27.3% 的人曾因语言使用不当"引发游客疑问"，18.2% 的人甚至因此"触发矛盾"。

最后，被访者对导游语言服务培训给出的建议有："希望可以参加实用性高的培养学习""加强业务学习，努力为游客提供优质的服务""组织好自己的语言，表述清晰容易与客人沟通""结合实际场景，多锻炼""适当增加教学环节的趣味性""互相学习交流导游词、带团经验、事例，锻炼语言表达的有效技巧"等等。

对游客的调查

对于"在旅游中是否会关注导游的语言讲解服务"，表示"比较关注"的占 65.2%，"一般"的占 20%，"非常关注"的占13.6%。

对于"导游的语言服务是否满足您的旅游需要"，认为"比较满足"的占 48.5%，认为"一般"的占 31.8%，表示"不太满足"的占 15.2%。

在对导游语言服务中的语音是否清晰、用词是否规范、语速是否合适、是否注意使用体态语等问题的调查中，有超过 50% 的被访者都给出了肯定的评价，但是在涉及与游客的互动方面，评价相对要低一些。认为导游与游客互动"比较多"的只占了 15.2%，认为互动程度"一般"的占了 50%，另有 28.8% 的人认为互动"比较少"。

被访者中有 65.2% 的人认为导游做到了"有问必答"，但是也有不少游客认为导游需要提升讲解的内涵。有的游客"希望导游多看书，多了解正史，别找一些野史糊弄游客，吸引眼球"。

对于"您经历过因导游语言使用不当而导致的以下哪些问题（可多选）"，有 47% 的被访者选择"不理解讲解内容"，34.8% 的被访者认为会"引发疑问"，30.3% 的被访者认为会导致"沟通不畅"，选择"触发矛盾"的为 16.7%，有 10.6% 的人选择"无法沟通"。

问卷调查的一项结果表明，认为导游语言服务表现出的缺点中，"没有感情"（33.3%）排在第一位，其次是"平淡"（31.8%），之后是不规范（30.3%）、不准确（28.8%）、模糊（28.8%）、不生动形象（20%）、不亲切（18.2%）、不易懂（13.6%）等。

对于"希望导游在语言服务的哪些方面得到提升（可多选）"，在被访者的选择中，"与游客互动的技巧"（71.2%）排在第一位；其次是"导游词的表达技巧"（40.9%）；之后是"体态语"（34.8%）和"语言使用的基本知识"（33.3%）以及礼貌用语（25.8%）。

结语

服务行业语言运用是反映民族语言素质及国家文明程度的一面镜子，窗口类服务行业语言的规范和相关培训政策，是影响和制约行业发展水平的重要因素。因此，做好服务行业语言规范和培训工作至关重要，导游语言的规范化也是如此。针对当前旅游行业语言服务的基本状况，首先，要提升旅游行业的整体语言服务意识。其次，要从师资培养、课程设置、教材编写等方面做好在校旅游管理专业学生语言服务能力的培养工作。最后，要针对在职导游人员，在其年度培训与考核中，加大语言服务内容的培训力度。

（李艳系首都师范大学文学院副教授，齐晓帆系首都师范大学硕士研究生；《语言文字报》2015 年 1 月 16 日第 4 版）

银行语言服务现状调查

刘　敏　李　艳

目前，各银行对语言服务的相关规定多集中在《银行网点服务规范》《银行员工服务行为规范手册》《银行网点文明标准服务手册》等工作规范中。有些银行侧重于服务人员对文明规范语的践行，有的银行侧重于服务人员的服务态度、服务礼仪、服务举止等。值得注意的是，尚未发现有银行制定专门的语言服务手册，在各类服务手册、行为规范中也尚未有专门的"语言服务"板块或者组成部分，调查中发现银行语言服务存在以下问题。

对银行语言服务认知存在一定偏差

对银行从业人员的调查中，"在工作中您是否了解银行语言服务"一项的调查表明，90%的调查对象认为自己了解银行语言服务，10%的调查对象回答不了解。回答不了解的调查对象多集中在从业9年以上的服务人员，这部分服务人员在入职前并没有接受相关的培训与考核。此外，对银行语言服务包含的类型调查中，27%的调查对象认为银行宣传册、业务介绍资料、行业标识等都不属于银行语言服务的范围。可见，服务人员对行业语言服务的认识还存在一定的偏差。

针对如何看待"目前银行语言服务整体水平"，从业4年及以下的服务人员中，有83%的调查对象认为"比较高"；从业5年及以上的服务人员中，有75%的调查对象认为"比较低"。通过银行近年来的从业资格考试新政可以发现，从 2014 年起，"中国银行业从业人员资格认证"对报考学历的要求发生了变化，有大学专科以上学历或者学位的人员才有资格报考。因此，对从业 3 年及以下的从业者来说，行业准入度高，对行业语言服务的要求也高。一些服务人员在入职前还接受过语言服务的相关培训，语言服务水平比较均衡。因而，学历不同，对银行语言服务的评价程度和对银行语言服务的认知程度也都有所不同。

能辨析银行语言服务的规范用语、禁忌语

对行业规范语和禁忌语的辨识以及对规范语的掌握与操作是对从业人员的基本要求，也是行业语言服务水平与能力的一种体现。调查结果显示，经常使用行业规范用语的占 89%，有时使用的占 7%，偶尔使用的占 3%，不使用规范用语的仅占 1%。在行业禁忌语方面，被调查的服务人员中，不使用服务禁忌语的占 74%，偶尔使用的占 14%，有时使用的占 5%，经常使用的占 7%。

仍有一部分从业人员因服务语言使用不当而出现过一些问题，其中"业务表述不清楚"占 62%，"与顾客无法进行有效沟通"占 47%，"业务未能及时办理"占 25%，"顾客不理解不清楚"占 71%，"引发矛盾"占 9% 等。其中，在因语言服务使用不当出现过问题的调查对象中，41% 的服务人员回答所在的银行没有语言服务的工作考核与绩效考核，29% 的服务人员回答不清楚，只有 30% 的服务人员回答有。通过调查发现，工作考核与绩效考核能够激发服务人员践行语言服务，更好地提升语言服务水平。

与此相对应的是，银行相关部门已经意识到语言服务的必要性，并出台了相关的培训政策。近年来一些银行服务人员在入职前也要接受语言服务的培训，使得服务人员在入职前就有相对较高的语言服务水平，这与银行整个行业对语言服务的重视有关。

消费者对语言服务满意度不高

在银行办理业务的过程中，对于消费者"是否关注银行的语言服务"的调查显示，选择"关注"的占 61%，选择"不关注"的占 28%，选择"无所谓"的占 11%。在服务业越来越重视服务水平的

背景下，消费者对服务体验的要求越来越高，多数消费者会关注银行的语言服务，尤其是有消费服务意识的年轻消费者。

在"您对目前所去银行的语言服务的满意度如何"的调查中，选择"非常满意"的占 28%，选择"比较满意"的占 45%，选择"一般"的占 21%，选择"比较不满意"以及"非常不满意"的共占 6%。

在"您经历过因银行工作人员语言使用不当而导致的以下哪些问题"的调查中，选择"业务未能及时办理"的占 63%，选择"与银行工作人员沟通不畅"的占 28%，选择"对银行产生不信任感"的占 33%，选择"引发矛盾"的占 12%。

调查对象中，对于银行工作人员的语言服务需要提升的方面，选择"与业务办理相关的规范用语"的占 90%，选择"礼貌用语"的占 60%，选择"姿态语言"的占 48%，选择"表达技巧"的占 29%，选择"职业道德素质"的占 73%。

加强语言服务规范化势在必行

调查发现，部分银行的从业人员仍会在服务过程中使用禁忌语，并因服务语言使用不当而产生一些问题。因此，需要加强行业语言服务的规范化，遵守服务语言标准和服务规范标准的执行，将行业语言服务的规范化落实到服务行为的各个环节中。规范从业人员的服务语言，要把规范化服务语言与姿态语言有机结合起来。

目前，有相当比例的银行并没有开展有关行业语言服务的培训，一些银行还未建立与行业语言服务相关的考核机制，或者对考核机制的重视度不够。因此，亟须制定出对行业语言服务能力和行业语言服务行为的评价标准，加强对行业语言服务能力和行业语言服务行为的考核，从而建立起一套系统化、可操作的内部考核机制。

（刘敏系首都师范大学硕士研究生，李艳系首都师范大学文学院副教授；《语言文字报》2016 年 7 月 15 日第 4 版）

交通行业语言服务现状调查

闫扬洋　李　艳

一般而言，交通行业的语言服务是指公众在接受各种交通工具服务的过程中共时接受的语言服务，包括工作人员语言表达服务、书面标识服务以及综合文字、声音、图像等不同要素的语言服务。过去人们对交通行业语言服务中存在的问题研究较少，但该行业与国民生活息息相关，应高度重视。

交通行业语言服务研究总体处于起步阶段。改革开放以来，航空业快速发展，高铁建设日新月异，城市公交轨道建设加大投入，出租车行业深化改革。由于交通行业和国民生活息息相关，语言文字工作者开始注意对交通行业从业人员的语言选择、不良语言和礼貌用语使用等情况进行调查研究。2012 年，《沈阳市出租车行业语言服务现状调查研究》《铁路客运列车服务质量与顾客满意度关系研究》先后发表。相关行业内部也对不同领域的语言服务进行了探讨，论文《客舱中的服务语言技巧》从礼貌用语、称呼用语、赞美用语三个方面阐述了空乘语言服务的基本技巧。论文《浅谈航空乘务员服务礼仪规范》详细论述了航空服务中的各类礼仪规范，包括乘务员的服务语言规范等。《关于旅客列车优质服务的探讨》针对工作人员服务意识不强和服务缺乏特色，不能适应旅客需求的问题进行分析，提出相关的对策建议。

交通行业中，航空运输系统中的语言服务最为规范，各航空公司都有专门的服务规章制度。以南方航空为例,《中国南方航空股份有限公司运输服务质量管理手册》对工作人员的仪容仪表、服务语言、服务态度和特殊服务均作出明确规定。除此之外,航空系统对员工语言服务的培训与考核也较重视,经常对客舱乘务员进行定期培训,培训涵盖服务技巧、服务语言等30余项内容。

铁路系统自2015年开始执行《铁路旅客运输服务质量规范》,对五种类别的车站和三种类型的列车进行了服务质量规范。内容涉及安全标识、引导标识以及使用文字的要求和对工作人员文明服务的详尽规范(包括仪容仪表、服务态度、语言使用、广播视频服务和特殊服务等)。

城市公共交通以及出租车从业者的语言服务现状和城市发展水平相关,经济文化水平越高,语言服务相对越好。以北京市为例,相关部门制定了公交文明用语、文明行为、文明行车、仪表仪容、饰品佩戴、车质车容、服务设施等七项规范,并对相关工作人员进行定期培训和考核。

消费者对交通行业语言服务状况不甚满意。我们对当前交通行业语言服务状况进行了问卷调查,调查对象覆盖北京、天津、石家庄、西安、海口、南京、常州、邢台、沧州、保定等地,发现在对图文标识的评价方面,对车内标识的张贴状况不满意的占5.88%,对站点站牌的设置不满意的占23.53%;在对工作人员语言服务的评价方面,对公交乘务员和列车乘务员不满意的占5.88%,对火车售票员语言服务表示"不满意"和"一般"的合计占41.18%,对航空服务人员表示"不满意"和"一般"的合计占29.41%。相比人工报站,70.59%的被调查者更倾向于电子报站,52.94%的被访者遇到过工作人员使用不文明用语的情况,41.18%的受访者遇到过因语言服务导致摩擦的情况;在对工作人员改进服务的建议方面,47.06%的被调查者认为需要改善对特殊群体的语言服务,认为在普通话的使用和服务态度方面需要改进的各占41.18%,认为在音量音调方面需要改善的占35.29%,认为在说话语速和沟通技巧方面需要改进的各占29.41%,认为在文明用语方面需要改进的占23.53%。

问卷调查显示，当前交通行业从业人员在语言服务方面存在以下亟待解决的问题：

一是语言服务意识较弱，语言沟通不畅易引发与乘客间的矛盾和冲突。有火车列车员恶语相向，随即与乘客发生口角，严重的扩大为肢体冲突；某长途汽车站售票员以不悦态度回应乘客，引起乘客不满，有乘客还进行摄像记录投诉。

二是普通话使用不规范，给乘客带来不便，甚至引起误会。某市公交车乘务员用方言告知司机一位乘客呕吐，该乘客误以为乘务员对其进行侮辱而引发了一场冲突；外地乘客听不懂乘务员用方言报站而带来不便的情况很多。

三是声音要素使用不合理。如音量太大或太小，音调太高或太低，都会给乘客带来不舒适的听觉感受，影响语言服务质量。

四是安全、指引等标识的内容、位置存在一些问题。如遗漏中英文对照、安全警告标识不醒目、站牌信息错误等，给乘客带来麻烦。

交通行业涉及领域多，地域辽阔，人员广泛，语言服务质量提高难度很大。需要建立健全管理制度，上至国家交通主管部门，下至交通行业的每个公司，都要根据部门管理职能科学制定相应的服务规范，并将语言服务规范细节化、丰富化、类别化，做好语言服务评估。在此基础上，要强化监管考核，提高工作人员语言规范的执行力，还要建立服务培训体系，加大职前语言服务培训力度。行业内各相关部门更要对所有服务人员进行专业的职前语言服务培训，严格把关；同时，要做到服务培训常态化，完善信息反馈制度，向社会公开安全且便捷通畅的反馈渠道，积极接受乘客监督，并汲取乘客的合理建议，形成良好的交通服务环境。这将推动整个行业的健康发展。

（闫扬洋系首都师范大学硕士研究生，李艳系首都师范大学文学院副教授；《语言文字报》2016年9月9日第4版）

从知识传播到产品服务
——语言产业积极助力疫情防控

李　艳

新型冠状病毒感染疫情发生以来，从最初的紧急动员、科学宣传到语言救援、情感疏导，再到免费开放语言技术服务、语言学习平台和资源，语言的"战斗力"得到了充分显现。与抗击特别重大疫情中逐步展开的语言需求相呼应，语言产品与服务的供给也呈现出较为明显的阶段性变化。下面，笔者对其进行梳理记录、分析探讨，为今后重大突发公共卫生事件中的语言服务提供行动参照。

—

紧急动员阶段以 2020 年 1 月 20 日为起点，至 1 月 25 日达到高峰。语言产品以民众自发创作的标语、口号、顺口溜、打油诗为主，迅速、广泛地普及科学防疫信息与措施。

这些语言产品大多言简意赅、朗朗上口，如："预防千万条，口罩第一条。""口罩你不戴，病毒把你爱；口罩戴得快，病毒说拜拜。"这些打油诗、顺口溜，在有效传播疫情信息、广泛普及防疫措施、迅速唤起民众重视、第一时间阻击病毒蔓延等方面发挥了积极作用。尽管客观来看，其中一些标语在简单易懂的同时，显得有些粗暴、低俗，不近人情、缺少温情，更谈不上优美与文雅；但是，对这些标语、口号不能简单地予以否定，而要综合考虑具体的传播情境和目标受众的接受特点。

这些具有争议的标语、口号多以横幅形式出现在广大农村地区。春节返乡人员数量众多、农村老年人通过其他媒体途径接收信息相对滞后、团聚拜年的传统习俗等因素，给阻断病毒蔓延带来了巨大隐患，使得在抗击疫情之初，人们普遍认为农村地区是疫情防控难点所在。一夜之间，广大农村的标语横幅仿佛成了拦截、阻击疫情扩散的第一重火力。大疫当前，响鼓重槌，首先要考虑的是信息传播的有效性。这些标语、口号从农村受众的接受特点出发，用他们易于接受的表述方式，以最快的速度引起他们对疫情的充分重视，从而最大限度地起到控制疫情蔓延的作用。

二

在语言救援阶段，语言产品与服务满足抗击疫情中多语种、多样化的信息接收需求。在这一阶段，语言参与抗击疫情的主战场逐步从村庄中的标语横幅转向了互联网平台上的多样化传播，从民间语言创作转向语言艺术工作者的专业创作，从防疫知识传播到为海外捐赠提供多语种翻译服务。

第一，多种语言艺术样式、多种语言（方言）参与防疫知识传播。

语言产品与服务的有效供给，是以对语言消费需求的充分把握为基础的。在抗击疫情过程中，要考虑不同受众（如不同年龄、地域、文化以及使用不同语言的受众等）的需求。

在抗击疫情的战役中，第一阶段的语言传播主要以横幅标语文字、村头喇叭广播为主；在第二阶段，迅速出现了多种语言艺术形式，包括表情包、快板书、朗诵、鼓书弹唱、方言和少数民族语言说唱等。如中国新闻社、《人民日报》新媒体等推介了"防控疫情表情包"；新疆专业院团以当地群众喜爱的热瓦普弹唱形式，用国家通用语言和维吾尔族语言创作了防疫歌曲；广西靖西市融媒体中心录制了山歌版的疫情防控宣传片；贵州录制了多种少数民族语言音频等。此外，中央广播电视总台蒙古语、朝鲜语微信公众号推送原创视频，藏语微信公众号、维吾尔语节目、哈萨克语节目推送、播出防疫科普知识，并通过微信平台进行传播，有效发挥解释与疏导作用。

这一阶段的语言传播充分考虑了外籍人士、听障人群的需求。

如"北京外事"微信公众号开辟了多语种疫情防控信息专栏，北京24小时市民服务热线"12345"提供8种外语疫情信息服务；上海市政府外办在官网推出疫情防控专栏，用中文和4种外语提供最新疫情防控动态及防护提示；天津市委、中国中医药出版社等共同编写出版了《新型冠状病毒感染的肺炎防治知识手册》中英文对照版图书。此外，北京手语研究会组织拍摄了防控疫情的手语视频；北京聋协发出倡议，希望疫情新闻发布会能够增设手语翻译。

第二，为抗击疫情、海外捐助提供多语种文件翻译服务。

中国外文局中国翻译研究院按"疫病名称""传染防控""政策举措""机构、职业群体和场所名称""病理症状""器具名称""其他医学名词"7个类别，翻译审定了180条新型冠状病毒感染疫情相关词汇英文表达，供相关人员参考使用。

传神语联网网络科技股份有限公司为武汉市政府、武汉市公安局出入境管理局、武汉市新冠肺炎疫情防控指挥部、国家移民管理局等各级防疫指挥部门提供多语种文件资料的翻译服务。中国对外翻译有限公司和其子公司中译语通科技股份有限公司配合北京、上海、河北、陕西等省市的政府外事部门，完成多语种疫情防控动态、防护知识和防疫募捐书等的翻译任务，以及联合国文件翻译任务。甲骨易（北京）翻译股份有限公司成立了抗击疫情指挥部，搭建面向全国的抗击疫情人工在线免费翻译平台，满足不同领域的语言服务需求。山东省翻译协会通过中国译协秘书长交流群，为美国纽约、洛杉矶，俄罗斯莫斯科，阿联酋迪拜，南非开普敦以及突尼斯、土耳其等多地的海外对华医疗物资援助提供落地和海外接洽服务。

为实现对海外捐赠物资的精准有效利用，武汉防控指挥部应急保障组通过网络渠道发布翻译志愿者需求后，来自北京、上海、辽宁的师生与医学、翻译领域的专业人士一起组建起了"武汉志愿者翻译总群"，300多位、10余个语种的志愿者不仅积极承担指挥部发布的任务，完成相关文件的翻译、审校，还自发参与海外联络，努力推动海外物资的采购、捐助、海关通关运输等工作。

第三，智能机器人等语言技术产品辅助防疫信息传播。

智能助理机器人投入使用，通过接入政府、医院的官方网站、微信公众号、APP 等线上信息公开平台，为公众提供信息查询服务。

如阿里达摩院研发的智能疫情机器人已在浙江、黑龙江、山东等地免费投用。用户从浙里办 APP 首页进入平台，就可以在"主动申报与疫情线索提供""浙江省互联网医院新型肺炎通道""网上智能问诊与人工服务"等模块中选择相应服务。据了解，1 月 28 日上线第一天，"浙里办"网上智能问诊服务对用户咨询的解决率超过了 92%。

又如"零点有数"与京东智能合作，通过人工智能服务模式，向受众实时提供新型冠状病毒传播特点、预防措施、患病症状、就医指导、实时疫情、发热门诊机构、武汉人员定点住宿、确诊人员行程、疫苗研发进展等信息，以及心理疏导等服务。目前，该产品已经在山东滨州、山西大同等地投入使用，方便公众进行信息查询，同时有助于减少市民热线等平台人工解答的压力。

三

假期延长，大中小学和幼儿园延期开学，为保障"停课不停学"，并给待在家里的人们提供丰富多样的语言学习资源、语言文化读物，语言技术、培训、出版等企业纷纷宣布开放平台、免费提供内容资源等，彰显了语言产业的使命担当。

如科大讯飞向湖北省中小学免费提供线上直播教学系统；人民教育出版社提供 1 ～ 9 年级电子教材免费点读、下载；语文出版社高中教材、教学资源电子版，千余种职教教学资源免费开放；中文在线教育企业"中文路"向高校和海外机构免费开放线上教学资源；北京理琪教育科技免费为全国中小学师生提供作文智能批改服务等。

在疫情面前，从语言艺术、语言创意、语言翻译、语言技术到语言培训、语言出版、语言康复等，语言产业中的各行业都已经迅速反应、积极行动起来，为打赢这场艰巨的战役贡献力量。作为语言产业研究者，我们在同步记录这个过程的同时，更需要对重大突发公共卫生事件中语言服务的相关问题进行详细、深入的思考。

（作者系首都师范大学文学院教授、博士生导师，中国语言产业研究院执行院长；《语言文字报》2020 年 2 月 26 日第 2 版）

东京奥运会语言翻译产品研发状况及启示

柳　雨

日本为打造科技奥运，以NICT（日本国家信息与通信技术研究所）研究开发的语音识别技术、多语言语音翻译技术、自动翻译技术、语音合成技术、自然语言处理技术以及深度学习神经机器翻译技术（NMT）为核心，自2015年底推出专门针对外国游客的免费语音翻译手机软件"VoiceTra"以来，陆续推出了一系列语音翻译新产品。这些产品不仅体现着日本为迎接2020年东京奥运会而做出的努力，对我国提升2022年北京冬奥会和冬残奥会语言服务能力，助力今后语言产业的发展也极具借鉴意义。

日本为迎接2020年东京奥运会研发的一系列创新语言翻译产品，主要分为以下四类：手机端APP、在线网站、独立设备、翻译系统和解决方案。从这一系列语言翻译新产品可以看出，日本奥运科技语言服务呈现四个特色。一是应用产品种类丰富，软件硬件同时发力，既有手机端软件应用，也有独立硬件产品，还有在线网站，基于不同端口提供翻译服务。二是应用场景细分且广泛。对不同的应用场景研发有针对性的翻译服务设备和软件，可以提高翻译服务质量，体现特色。三是照顾特殊人群的翻译服务需求。如为听力障碍人士专门研发产品，满足其与他人交流的需求；为医院患者打造翻译产品，帮助其与医生交流。四是增强底层翻译研究能力，打造"翻译银行"，收集术语，为翻译研究提供技术支持，打造不同翻译服务解决方案。

目前距离 2022 年北京冬奥会还有不到三年时间，如何满足不同的语言服务需求，把为冬奥会和冬残奥会研究开发的语言翻译产品合理地"奥运遗产化"，提升城市语言服务能力，是一个值得深入思考的问题。日本为迎接 2020 年东京奥运会研发的一系列语言翻译新产品，带给我们很多启示。

第一，关怀特殊人群。国内同类产品多集中于语言学习、出境旅游或企业协作，而对听障人士、老年人等的需求考虑不足。对特殊人群的关怀不仅仅体现在无障碍基础设施上，面对 2022 年北京冬奥会和冬残奥会中来自全世界的运动员、观众，我们需要提供有人文情怀的语言服务，体现语言服务的社会价值效益。为此开发的语言技术及相关产品也将是非常宝贵的"奥运遗产"，今后必将助力我国的城市发展、语言产业发展、旅游观光产业发展以及包容型社会建设。

第二，拓展应用场景。目前我国的语言翻译产品种类已经足够丰富，但多集中于学习、旅游、商务会议等日常场景，针对医院就医、突发情况等场景的语言服务涉及较少。在突发停电、人群拥堵、地震等紧急情况下，我们需要及时、准确、简明地翻译，打开手机，再打开翻译软件显然是来不及的。因此，针对需求点做最契合的产品设计，制作一款专门应对此类情况的独立硬件设备是非常必要的。医疗翻译不单单指专业医疗术语的翻译，还应包括礼貌性语言、解释性语言、病历、处方、电子显示屏文字等的翻译，这对我国的语言翻译行业的底层翻译能力和机器翻译技术、语言处理技术提出了更新、更高的要求。

第三，加强宣传推广。国内既有三大翻译引擎加持的汉王翻译机、主打旅游市场且可识别 73 种口音的准儿翻译机、人工智能同声翻译机悦译等优秀的硬件设备，以及有道翻译、译云、译喵等优质在线翻译平台，也有中译语通、科大讯飞等推出的企业应用方案，并不缺少优秀的产品。因此，应多举办像国际语言文化博览会这样的活动，让中国的优秀产品"走出去"，让国外的产品"走进来"，切磋交流，增强语言科技产业的活力。

第四，发展 5G 技术。5G 技术在奥运时期和后奥运时期的表现备受期待。根据德勤公司2018年9月发布的《5G重塑行业应用》报告，2022年，5G网络支持下的AR/VR、机器人、无人机和人脸识别等应用，将构建智能化、数字化冬奥。5G技术不仅将在冬奥会直播、赛事裁判、智能化调度等方面发挥重要作用，还将通过增强现实（AR）眼镜为宾客提供翻译、引导、定制化导游等服务，在后奥运时代，伴随着多方参与和配合，实现对终端消费者的应用价值。

第五，引起政府重视。语言翻译、语言服务、语言科技都是语言产业的重要业态。近年来，语言产业的发展已经引起全球广泛关注。从 2010 年开始，基于全方位语言信息技术的语言产业开始在我国逐步发展。2022年，北京冬奥会也对我国的语言产业提出了更高的要求。2017 年 5 月 19 日，北京冬奥组委、教育部、国家语委共同启动《北京冬奥会语言服务行动计划》。该计划以"统筹协调、扎实推进，共建共享、开放合作，项目带动、科技支撑，有序推进、不断完善"为原则，提出要充分发挥国家语委语言资源优势，组织协调相关部门、高校、科研机构、企业和社会力量，为冬奥会的举办创造良好语言环境，提供优质语言服务。在语言服务全球化的道路上，中国今后的发展还需要政府部门的政策引导和措施鼓励，以助力语言服务行业发展。

总之，我们期待日本研发的一系列语言翻译新产品在 2020 年的东京奥运会上的表现，也更加期待中国式创新语言翻译产品今后的发展。

（作者系首都师范大学文学院、中国语言产业研究院硕士研究生；《语言文字报》2019 年 4 月 10 日第 2 版）

北京冬奥会语言技术产品研发与使用

黄鑫媛　李　艳

前段时间，东京奥运会如火如荼地进行，再过 5 个多月，2022 年北京冬奥会也将拉开帷幕。对北京冬奥会语言技术产品的研发与使用情况进行梳理，有助于人们系统地了解冬奥会举办过程中尖端语言技术的应用，感受科技冬奥理念给奥林匹克运动带来的新风貌。

2022 年北京冬奥会语言技术产品，不仅种类丰富，提高了智能翻译及转写的准确率，而且采用远程同传技术解决不同赛区场馆间因空间分布带来的实时翻译问题，并通过建设多语种语料大数据平台和冬奥知识图谱，在语言服务的系统化、立体化、个性化等方面都实现了创新。

—

2022 年北京冬奥会语言技术产品的特点体现在以下方面：

第一，产品种类丰富，整体联动性强。北京冬奥会语言技术产品类型多样，可满足不同人群、不同场景的使用需求。各终端设备与平台系统间联系紧密、互通性强，可轻松实现设备间的连接与转换，在高效满足语言服务需求的同时构建起优质的语言服务技术网络。

第二，产学研合作，形成研发合力。北京冬奥会语言技术的研发主体均具备科研能力强、研发经验丰富的特点，且涵盖产、学、研不同领域，充分调动了高校、企业和科研机构的力量，形成研发合力，共同实现科技助力冬奥的目标。

第三，关注特殊环境与特殊需求。冬奥语言服务技术坚持"以人为本"的理念，专门为听障、视障人群设置了相应服务模式，还提供了降噪功能以应对嘈杂的交流环境，大大提高了产品与人群、场景的适配度，充分考虑特殊环境与特殊群体的需求。

第四，充分体现"大语言服务观"意识。研发以供给主体为核心，形成辐射态势，带动语言技术研发水平的整体提升。此外，冬奥术语平台项目、基于知识图谱的北京冬奥项目智能问答系统、译云语言大数据平台等平台系统在服务本届冬奥会的基础上，还将着眼于助力新时代国家语言服务数字化建设事业的长远目标。

根据官方平台信息，目前与北京冬奥组委达成合作的语言服务技术研发与供应主体主要由四部分构成。科大讯飞股份有限公司是官方自动语音转换与翻译独家供应商，为赛事提供自动翻译和相关的语音转换、语音识别以及语音合成等硬核技术，助力实现赛场内外的无障碍沟通。中国对外翻译有限公司是北京冬奥组委语言翻译服务商，将提供高质量的笔译、口译及同传设备等相关服务，服务期为2年。北京语言大学语言资源高精尖创新中心在教育部、国家语委的指导下，联合清华大学、中国科学院和科大讯飞公司围绕开展语言技术集成及服务，承担了"面向冬奥会的跨语言术语库建设及应用开发""面向北京冬奥会的机器翻译资源建设与技术研究""基于知识图谱的北京冬奥项目智能问答系统"3个项目的研发任务。北京钓鱼台会展有限公司承担北京冬奥会期间各赛区竞赛场馆与新闻发布会的远程同传服务项目。

二

北京冬奥会的语言技术项目可分为冬奥术语平台、语音转换与翻译便携式终端、语音转换与翻译平台系统、会议办公和信息发布系统、智能语言服务系统五大类。这些技术项目部分已经交付北京冬奥组委投入使用，部分还处于研发阶段，本文将以下面五类产品为例进行说明。

冬奥术语平台

该平台将提供与冬奥会、冬残奥会相关的各大领域、不同门类的数据资源，包括多语种术语表、术语译文、术语解释、常见表达、使用场景、使用案例等，并通过网站、手机应用、应用程序接口等渠道，向各赛会服务部门、运动员、教练员、社会大众等不同对象提供高质量术语查询和应用服务。冬奥术语平台 V1 版和 V2 版已经分别于 2018 年 12 月和 2019 年 12 月交付北京冬奥组委使用，V3 版本的建设工作计划于 2021 年底完成。该术语库目前已成为世界上规模最大、准确性最高的冬奥会运动多语术语库，同时也是历届冬奥会中首创的语言服务模式。

语音转换与翻译便携式终端

该设备融合了机器翻译、语音识别、语义理解、语音合成等多项尖端人工智能技术，可满足多语种、多语音、多领域、多场景以及特殊人群的语言服务需求，帮助实现语音与文字的无障碍沟通。其中，讯飞翻译机从 2019 年初开始即为北京冬奥会组委提供服务支持。现在，讯飞翻译机 3.0 正在为外联部等重要部门提供语言翻译服务。讯飞智能录音笔等设备也已投入市场，其优秀效能在多次实践中得到检验。

语音转换与翻译平台系统

冬奥机器翻译系统是北京语言大学联合清华大学建设的冬奥体育领域句对齐机器翻译资源的重要成果，拥有规模庞大的句对齐语料库，支持网页端翻译和移动端翻译，以及多语种的文本与语音翻译。译云语言大数据平台是基于云计算和语言大数据技术的在线人工翻译平台，具备在线机器翻译、在线人工翻译等功能。

会议办公和信息发布系统

在该系统中，讯飞听见智能会议系统从 2017 年底就开始在北京冬奥组委技术部投入试用，现已在多个重要会议室部署，用于支持日常会议并提供实时字幕上屏、机器翻译、会议记录、会后出稿等服务。"Language Box·语言盒子"可提供高质量的机器同传、多语言会议内容转写、智能速记等服务。

智能语言服务系统

北京冬奥项目知识图谱资源及小奥智能问答系统已于 2019 年 9

月正式上线。小奥智能问答系统是北京语言大学联合中国科学院软件研究所研发的"基于知识图谱的北京冬奥项目智能问答系统"成果之一，立足于解决北京冬奥会语言服务中面临的"冬奥知识碎片化""知识展示单一化""服务手段智能化不足"三大核心问题。它以冬奥知识图谱为关键资源，通过微信公众号、小程序等平台提供服务，可以接受关于冬奥会项目、运动员、参赛队等 5 类信息的任意提问，并实时为用户返回文字、图片多模态答案。智能服务机器人平台目前已在首钢园应用落地，助力"智慧冬奥"园区建设。该平台可通过语音识别、机器翻译等人工智能技术，在语言翻译、酒店入住、赛事查询等环节满足国际赛事的服务需求。《冬奥通》手机应用程序为北京 2022 年冬奥会和冬残奥会移动服务平台，在向世界传递赛事资讯的同时，也将为视障、听障人士了解冬奥提供便利。科大讯飞 AI 虚拟主播能够实现多语言实时播报，并支持从文本到视频的自动输出，目前已在全国两会、"一带一路"国际合作高峰论坛等大型活动中崭露头角。

针对不同赛区与场馆间的语言沟通问题，北京冬奥会赛时将在北京、延庆和张家口赛区竞赛场馆、新闻发布会采用远程同传服务。在技术上，以"远程同传采集现场音频信号—编码转为 IP 信号—传输至远程同传服务器—接收译员音频 IP 信号—解码转为模拟信号—通过声卡输出至现场同传发射设备"的方式，为冬奥会媒体中心（远程同传控制中心）、国家速滑馆、张家口国家越野滑雪中心、延庆国家高山滑雪中心、张家口山地新闻中心等 14 个场馆提供音视频远程同传的信号传输和管理。

<h2 style="text-align:center">三</h2>

对于 2022 年北京冬奥会语言技术服务的发展，笔者有以下思考：

第一，丰富语料资源，完善管理模式。冬奥会相关语料平台的建设需要保持高度的学术敏感，不断充实语料资源。一方面可以增加小语种数量，细化对语种内部语音、词汇等方面的区分，另一方面在管理上要注重收集用户的使用体验与问题反馈，在此基础上总结经验，实现技术升级。

第二，立足中华文化，构建技术特色。我国的语言技术服务在满足国内外交流需求、实现无障碍沟通的基础上，可以从文字书写、例句呈现等方面入手，进而研发具有中华文化特色的语言技术。

第三，考虑多层次需求，拓展受众范围。目前，冬奥语言技术服务的受众群体以中青年为主，较少涵盖幼儿和老年群体。但面向低、高年龄层的赛会宣传与教育工作是提高赛会全民参与感的关键。语言技术的研发需要更有针对性地关注这部分受众的诉求。

第四，扩大国际宣传，推动语言技术走出去。随着国际交流与合作频次的增多、层次的加深，我国要加大对冬奥语言技术产品的宣传推广力度，增加自主研发的语言技术在国际大型赛事活动中的使用率，在积累经验的同时，推动我国的语言技术走出去。

（黄鑫媛系首都师范大学文学院、中国语言产业研究院硕士研究生；李艳系首都师范大学文学院教授、博士生导师，中国语言产业研究院执行院长；《语言文字报》2021年8月18日第2版）

北京冬奥会语言产品的品牌构建

郭展眉

北京 2022 年冬奥会即将拉开帷幕，这不仅是一场体育盛会，而且是一场语言文化盛会。目前，以冬奥为主题的语言产品已陆续上架。按照其具体表现形式，北京 2022 年冬奥会语言产品主要可划分为语言技术产品、语言出版产品、语言创意产品三类。

一，语言技术产品。首先是提供语音转换及翻译服务。如讯飞翻译机 3.0，能够将电脑声音实时转化为中英文双语字幕，同时支持 61 种语言（包括中文）的即时互译，支持离线翻译。其次是研发语言智能机器人产品。目前，有 11 款智能交互服务机器人脱颖而出，如移动售货机器人可提供冬奥会现场移动送货服务。再次是开发语言数据库及智能服务平台，如北京语言大学的 3 个冬奥语言智能服务项目"面向冬奥会的跨语言术语库建设及应用开发""面向北京冬奥会的机器翻译资源建设与技术研究""基于知识图谱的北京冬奥项目智能问答系统"。

二，语言出版产品。首先是普及冬奥会语言文化、增强冬奥语言服务能力的产品。如中国语言产业研究院组编、出版的《冬奥会：体育·语言·文化》《英语世界·冬奥特刊》《汉语世界·冬奥特刊》，围绕"冬奥文化""语言服务"主题梳理了冬奥会的起源与发展、项目介绍及项目名称汉英对照词表、冬奥珍贵历史时刻等，被教育部、国家语委、北京冬奥组委纳入《北京冬奥会语言服务行动计划》。

其次是介绍冬奥会运动项目、营造冬奥城市氛围的产品。北京冬奥组委组织编写了系列读本，如《迎接冬奥会：语言与文化》市民培训普及读本。再次是规范冬奥体育项目名词术语的产品。北京冬奥组委组织编写了《2022年北京冬奥会和冬残奥会体育项目名词术语》，推动冬季奥运体育项目名词术语规范化。

三，语言创意产品。北京2022年冬奥会会徽"冬梦"通过对"冬"字造型的创意设计，将冬奥文化与古老的汉字文化融为一体，传递出新时代中国人努力发展冰雪体育运动、增强国力的坚定信念。线下语言创意产品如以冬奥会会徽为创意元素制作的文化衫、运动衣，线上语言创意产品如利用冬奥会会徽造型设计的北京冬奥会语言文化趣味表情包。

面向冬奥会语言产品受众，构建冬奥会语言产品品牌体系，关键在于突出产品的差异性、优化产品受众的体验感，并实现两个价值转化。一是在冬奥期内，实现冬奥语言文化价值向冬奥经济价值的转化；二是在冬奥期后，实现品牌语言文化价值向品牌经济价值的转化。为此，可以从以下三个方面努力：

第一，产品外观设计融入冬奥元素，构建冬奥特色品牌形象。为冬奥会服务是冬奥会语言产品区别于其他语言产品的典型特征，因此产品外观设计需要融入冬奥相关元素，突出冬奥会语言产品的差异性。以语言技术产品为例，其中的服务型机器人可穿戴具有冬奥元素的服饰，佩戴象征冬奥会语言文化的冬奥会会徽；线上语言技术产品如手机应用程序等可结合冬奥主题进行产品设计，满足受众多样化的审美需求。

第二，拓宽产品传播渠道，打造品牌知名度与信任度。以语言创意产品为例，可以建立语言创意产品数字展览馆，详细展示及解说每件创意产品背后的文化内涵，增加受众对冬奥文化及中华文化的了解；同时在线上为部分语言创意产品提供多样化的数字外观设计方案，包括不同的色彩搭配、材质选择、图纹样式等，鼓励产品受众进行自由搭配；还可以使用现代生产工艺，线下制作产品，优化语言创意产品体验。此外，要注意对数字展馆进行多渠道宣传，如在线下及线上的语言创意产品中添加数字展馆的二维码，利用冬奥会官方平台或其他体育、语言文化类新媒体平台扩大数字展馆的知名度和影响力，提升品牌信任度。

第三，运用情感营销策略，传播优秀语言文化，提高产品受众对品牌的忠诚度。情感营销是从消费者的情感需求出发，对品牌进行的一种营销策略，通过共情激励消费者作出相应的经济行为。以冬奥会语言出版产品为例，可以采用图文并茂的方式，对冬奥内容进行阐释，如以传统绘画手法表现现代冬奥元素，以传统书法艺术展现部分文字内容等，提升读物的语言文化价值；同时，还可以根据语言出版产品的主要内容及冬奥文化、冬奥精神，开展不同主题的冬奥书展或冬奥读书会，邀请冬奥体育代表人物与读者互动交流。

一届成功的奥运会，也是一场创造丰厚文化产品继而造福人类社会的高品质活动。2022 年冬奥会，无疑将为北京这座城市留下宝贵的语言文化遗产。奥运语言文化的传承将提升北京国际语言环境，服务北京文化中心、国际交流中心建设，并促进"一带一路"共建国家民心相通，塑造良好的国家形象。

（作者系首都师范大学文学院、中国语言产业研究院硕士研究生；《语言文字报》2021 年 10 月 27 日第 2 版）

中文学习智能交互产品需求现状与供给对策

李 艳

中国语言产业研究院团队受科大讯飞委托，于 2021 年开始对全球中文学习产品的供需状况进行调研。综合考虑国际中文教育各平台的运营主体、覆盖范围、用户规模、技术优势和自主研发产品等因素，我们对"全球中文学习平台"进行了重点个案研究，并在1200 多种应用于移动端的中文学习产品中优选出 53 种，对学习者的消费行为作进一步调查分析。

一、中文学习智能交互产品调查分析

根据调查，目前，中文学习智能交互产品的供给主体主要分为科技公司、语言教学机构、工作室、个人等四类。不同类型主体供给的产品类型、更新频率、所获评价等都表现出较明显的差异。全球中文学习平台是科技公司供给产品的典型，由教育部和国家语委指导、科大讯飞股份有限公司建设和运营，旨在借助智能语音和 AI 技术，打造聚焦中文学习和中华文化传承传播的智能语言学习平台。该平台于 2019 年 10 月上线，于 2020 年 4 月推出面向海外中文学习者的国际版"e 学中文"移动端。截至 2023 年 12 月 10 日，该平台用户总数达到 1119 万人，覆盖 187 个国家（地区）。

中文学习智能交互产品所具备的特色功能是吸引用户的一个重要因素。通过下载与使用样本发现：每种样本至少拥有 1 ~ 2 个特色功能，包括智能技术支持、直播互动、社交竞赛、主题情景教学、离线使用、短视频教学及课程定制化等。从用户评价来看，全球中文学习平台的 AI 技术优势获得了学习者好评，包括采用 AI 技术对学习者的原始中文水平进行测评，为学习者建立学习档案对学习进度进行有效管理，提供个人定制式学习方案等功能与服务等，很受学习者欢迎。

面向学生端，通过对 AI 中文课、HSK 模拟考、日常作业、HSK 分级词汇等日常练习数据的分析与反馈，为学生推荐相应的学习内容，并阶段性地对学生语言能力等级进行动态评测，推荐相应难度的内容；面向教师端，采用 AI 智能辅助教师人工批改作业，提升了作业批改的时效；面向管理端，智能化中文教学管理平台可以为制定教学决策、改进教学方法等提供科学的依据。

二、中文学习智能交互产品需求现状

用户因中文水平、学习目标与学习动机的不同，对中文学习智能交互产品的需求会有较大的差异。整体来看，一是学习者对中文学习智能交互产品的需求度高。96% 的被调查者下载过中文学习移动软件，产品的普及程度高。主要使用动机为升学和考试。二是工具型和考试型产品的需求量相对较大。被调查者对词典工具型、考试型产品以及汉字类课程的需求量较大，写作类课程的需求量相对较小。三是产品与需求的匹配度直接影响付费意愿。被调查者的付费意愿还较弱，决定学习者是否会为中文学习产品付费的主要因素还是产品与其需求的匹配程度；价格因素对于付费行为也会产生一定影响，但并非决定因素；同时，影响付费行为的因素还包括教学媒介语、课程更新速度等。

通过对全球中文学习平台的个案调查进一步发现：学习者对个人定制式的教学模式与内容评价高；对师生之间的实时、有效互动需求高；对 HSK 模拟测试仿真环境评价与需求高；低龄学习者的家长希望提升学习者的参与感等。

三、中文学习智能交互产品的供给对策

目前市场上的中文学习智能交互产品种类丰富，但不少产品存在课程匹配度不高、资源库内容更新较慢、付费项目定价不合理等

问题。因此，中文教育产品整体质量和供需匹配度都有较大的提升空间；有不少国家的中文教学数字化资源还主要依赖海外引入，这也意味着中文学习智能交互产品的市场前景较为广阔。

在供给方面，一是要定制式打造国别化中文智能交互学习产品。不同国家、不同区域对中文的态度、所制定的相关语言政策以及民众学习中文的状况是各不相同的，其受到历史文化、经济发展、人口构成以及与中国的双边关系、经贸往来等因素的影响。因此，中文国际传播必须以差异化的供给，去满足差异化的需求。从传播策略上来讲，不仅要做到一国一策、一域一策，还要做到一校一策、一人一策。语言技术的发展，使中文学习产品的差异化、个性化供给在较大程度上成为现实。

二是根据用户需求进行内容的动态更新，同时还需在教学方式上不断突破创新，如可充分运用相声、戏曲、脱口秀、播音主持、朗诵等语言艺术资源以及中国汉字棋、成语接龙游戏等语言创意产品助力国际中文教育。

三是实现产品传播渠道的"在地化"。例如，通过对埃及的调查发现，该国的希克迈特文化投资公司出版发行了一系列中文教材的阿语版本，开发了中阿双语学习APP《智慧宫》软件，同时，还开展中文培训课程及讲座。我们的中文学习智能交互产品在埃及市场的投放，可以与希克迈特公司合作，实现产品与《智慧宫》APP之间的互相引流，在借助希克迈特公司现有渠道进入埃及市场的同时，也为希克迈特公司正在开展的中文培训课程提供资源助力。

（作者系首都师范大学文学院教授、博士生导师，中国语言产业研究院执行院长；《世界华文教育》2024年第1期）

语言传播

汉语拼音——打开汉字信息化的大门

贺宏志

国际标准化组织（ISO）于 1982 年规定汉语拼音是拼写中国人名、地名和中文文献的国际标准，这大大方便和增进了我国对外交流，推动了对外汉语教学，为世界了解中国提供了通道载体。

近 30 年来，计算机信息处理技术飞跃发展，世界进入信息网络时代。《汉语拼音方案》在信息技术方面成为汉字信息化的翅膀，显示日益广阔的应用天地。

计算机技术是在英语世界发展起来的。在计算机发展的初期，汉字信息处理曾经是计算机在我国推广应用的瓶颈，特别是汉字信息的输入更是一个难题。计算机所配备的、仅有数十个键的键盘本来就是为西文设计的，当要用它来输入数以万计的汉字时，困难似乎难以克服。为了让汉字文化适应信息化的进程，中国有关学者在"计算机中文化"和"中文计算机化"两条战线上努力拼搏，各种汉字编码方法应运而生，其中，汉语拼音就是主要途径之一。目前，在众多的汉字输入方法中，智能化的汉语拼音输入法，即利用键盘输入汉语拼音，再由计算机自动转换成汉字，已经成为用户最多、应用最普遍的方法。《汉语拼音方案》正是这种方法得以实现的基础。相关调查发现，在发送手机短信和用电脑输入汉字的时候，使用汉语拼音输入法的比例在 95% 以上。如今，汉语拼音已经成为信息时代的生活必需品，利用字母键盘直接输入汉语拼音转换成汉字输出，是我国电脑和移动电话用户采用的最主要的中文输入方式，推动了我国信息技术的普及和发展。

汉语拼音还是各种中文数据库进行汉字排序的主要依据，也是确定汉字在汉字字符集中位置的主要依据。可见，《汉语拼音方案》对汉字信息处理作出了重大的贡献。如果在 55 年前，不用《汉语拼音方案》替代注音字母，不采用拉丁字母，那么，计算机的中文化，首先是中文输入技术的普及一定会遭遇更多的障碍。2001 年在中国工程院主办的"20 世纪我国重大工程技术成就"评选中，共评出了25 项重大工程技术成就，其中"汉字信息处理与印刷革命"仅次于"两弹一星"，居第二位。显然，汉字信息处理能取得这样的成就，和《汉语拼音方案》的贡献密不可分。

随着信息化的推进，信息网络迅速发展，信息资源迅速增长，传统的汉字输入、输出手段已经不能满足需要。为了使计算机能和人以自然的方式"对话"，必须解决计算机"听和说"的难题。在这方面，无论是使计算机能"说话"的语音合成技术，还是使计算机能"听话"的语音识别技术，都需要《汉语拼音方案》的帮助和指导。此外，基于汉语拼音的汉语词法基本规则，也是中文信息处理中有关词语处理的研究基础，这对于推进智能化的中文信息处理，例如汉语语言理解的研究工作也是必不可少的。

早在 1986 年，全国语言文字工作会议就富有远见地指出："汉语拼音越来越多地用于中文信息处理。计算机汉语拼音输入自动转换汉字系统的研制，提高了信息处理的能力，为我国普及和发展电子计算机创造了有利条件。"1997 年的全国语言文字工作会议明确将语言信息处理列为国家语言文字工作的重要任务，把政府在语言信息处理中应扮演的角色定位在宏观管理上，其工作目的在于"实现中文信息技术产品的优化统一"，明确提出要从四个方面做好这一工作："第一，继续加快中文信息处理急需的规范标准的制订，如各种专业用字字符集标准、汉字印刷新字体字形规范、汉字键盘输入语言文字规范综合评价原则、汉字字序标准等。第二，加强基础理论研究和应用研究。适应汉语词处理的急迫需要，要积极组织面向信息处理的现代汉语词汇研究，尽快解决面向汉语词汇处理的'瓶颈'问题。第三，积极开展为中文信息处理服务的语言文字基础工程建设，特别是要继续完成现代汉语语料库的建库、语料加工和基于语料的应用开发工作。第四，逐步建立有效协调的管理机制，做好对中文信息技术产品中语言文字规范标准执行情况的监督检测工作。"事实表明，语言文字的信息化是信息化的基础，没有语言文字的信息化就不可能实现信息化，语言文字信息化的水平决定着信息化的水平。促进语言文字的信息化，是语言文字工作者不可怠慢的历史责任，也是信息时代语言文字工作的重要任务之一。而这一切，都离不开汉语拼音。

北京大学计算语言学研究所自 1986 年成立以来，完成了若干面向信息处理的大型语言工程。这些语言工程或多或少都得益于《汉语拼音方案》的使用。如以词为基础的中文语句输入方法、现代汉语语法信息词典、注音语料库、文本—拼音自动转换软件等。2012 年，一批科技工作者向全国人大提出《关于将中国汉字和汉语拼音申报世界文化遗产的议案》（编号 26205 号），以便使《汉语拼音方案》传承下去，而且让全世界更加了解和理解汉语文化，让计算机信息网络更加精通和传播汉语文化。还有一批语言文字工作者积极倡议在《汉语拼音方案》颁布 60 周年之际，国家邮政部门设计、发行《汉语拼音方案》纪念邮票，以彰显《汉语拼音方案》在新中国各领域的建设中所体现的巨大历史意义和现实价值。

（作者系北京市语言文字工作委员会办公室主任；《语言文字报》2014 年 1 月 8 日第 2 版）

一种全新的汉字结构排序法

赵功德

汉字排序，就是给汉字安排固定的先后位置，让众多的汉字有序可查，便于提高汉字的学习和使用效率。由于汉字数量庞大，字形笔数较多，读音比较复杂，汉字排序一直是困扰着中国人数千年的老大难问题。

国家已经制定了《中华人民共和国国家通用语言文字法》。该法所说的汉字规范化、标准化，主要内容就是在对现代汉字进行全面系统科学整理的基础上，做到"定量、定形、定音、定序"，简称"四定"。截至目前，前三定国家都颁布了相关的语言文字规范，只有"定序"还未找到理想的排序法。

长期以来，汉字、汉语的各种工具书主要采用汉字部首排序、汉字笔画排序、汉语拼音音节排序和四角号码排序等，这些方法可以说家喻户晓，人人皆知，为人们学习运用汉字、汉语作出了重大贡献，功勋卓著。

考察汉字，每一个都带有字形、字音、字义三种特性，综观以上各种排序法，其共同缺点是只采用了汉字的某一种特性，未能充分利用汉字的所有特性，因此，其汉字排序都不够理想。

研究、开发汉字排序法，其实就是研究、开发更便捷的汉字信息处理技术。

汉字的特性表明，汉字文化其实就是信息文化。信息文化是政治、经济、哲学乃至国计民生的核心，信息通则万事通。因此，我们在设计新的汉字排序法时，要充分利用汉字的各种特性，要按照汉字本身固有的规律为汉字编码，力争做到对号入座，整体有序。

汉字有音有义，字形有层次。字形可以分解为部件，部件可以分解为笔画。汉字排序，不但要考虑汉字本身的特点，还要考虑用户的使用习惯；不但要编码科学，而且要方法简便。

本着这些原则，一种全新的汉字结构排序法产生，其设计方案如下：

一是按结构设区。将所有的汉字分为十大结构区。汉字的十大结构，分别用阿拉伯数字"1、2、3、4、5、6、7、8、9、0"编码。按结构分区，犹如进了一个大礼堂，先找所属区，确定了区，从理论上就先排除了不属于这个区的9/10的汉字。

二是按笔画设排。在每个结构区下，按汉字的书写笔顺，取字形的首笔、次笔、末笔。汉字共有"横、竖、撇、点、折"5种基本笔形，分别用阿拉伯数字"1、2、3、4、5"编码。按笔画分排，犹如找到礼堂中的某个区后，再找座位的排号。

三是按音节设位。汉字按结构、首笔、次笔、末笔划分后，还会有一些重码，再按汉字的字音加以区分，就大大降低了重码率。犹如找到排号后，再按排找座位号。

通过"结构＋首笔＋次笔＋末笔＋音节"编码，每一个汉字就可以对号入座了。请看计算公式："礼堂座位"=10（结构）×5（首笔）×5（次笔）×5（末笔）×1360（音节）=170万。用170万个位置，安排一两万个汉字，重码率就非常低了，基本上达到了一对一。其实用到音节首字母时，汉字就尽在眼底了。

查"勩"字，先查"区号"，"勩"属右单左双结构，代码为9；然后查"排号"，"勩"的首笔为横、次笔是竖、末笔为撇，代码分别是123；最后查"位号"，"勩"的音节是yì，"勩"的编码就是"9123yì"，对号入座，别无他字，简便而快速。事实上，编码中的音节，只需确定其音节首字母就可确定该字的序位了。

汉字结构排序法，第一位数字代表结构码；第二位、第三位数字，分别代表字形的首笔、次笔，作用是将同一结构相同部首的字集中在一起，如"仿仁仍位伊"，前三码都是432，将左右结构中"亻"部的字集中在一起，吸收了部首排序的优点；第四位数字为字形末笔码，按笔画书写顺序排列，作用是将同一结构内相同部首的字再区分，吸收了笔画排序的优点；最后是汉字音节，吸收了汉语拼音音节排序的优点。取长补短，相得益彰，开创了全新的排序法。

（作者系北京中自汇河科技文化研究院院长、研究员；《语言文字报》2013 年 3 月 29 日第 4 版）

汉语传播与文化传播应良性互动

李 艳

  汉语国际传播的途径可以根据语言教学地点分为国内、国外两类，前者是指外国留学生到中国来学习汉语，后者是指学习者在其所在国由中国外派教师或者当地教师向其讲授汉语。

  通过对 2003 年至今 10 年间的留学生统计数据比较，我们发现来华单纯学习汉语的人数在逐渐下降：2003 年，来华学习汉语的留学生占 80% 以上；到 2010 年，这一比例减少了约 20%，学习汉语的留学生占总数比例为 62.5%。这一趋势在全国高校中普遍存在，但与此同时，来华接受学历教育的人数呈上升趋势。

  究其原因，部分来华留学生将开始学习汉语的时间提前到中小学阶段。特别是随着我国孔子学院、孔子课堂在海外的发展，外国中小学生中接受汉语教育的人数在增加。其中，部分学生在具备了一定的汉语水平后，希望在中国的大学获得某个专业的学位。美国佩斯大学孔子学院院长牛卫华女士认为，有一部分中文已经很好的美国学生"希望去中国能够系统地得到一个学位，这样的学生，人数在增长。美国政府正在大力推动 10 万名美国学生留学中国的计划，对于很多学生来说，这是一个难得的机会，如果想要通过这个计划获得奖学金去中国留学，在孔子学院这样的机构先打好汉语基础，将是美国学生参与竞争的重要筹码"。

  从长远看，来华留学生中学历生比例的增加，将更有助于提高汉语的国际影响力及话语权。因为，一种语言的传播程度不仅取决于其非母语学习者的数量及分布范围，同时也取决于该语言现实和潜在的用途及应用领域。

因此，汉语在海外中小学中的传播可以作为汉语国际传播的重要着力点，从而可以确保更多的国外中小学生更早地接触到汉语，在学习汉语的同时，培养对中国文化的好感与兴趣。这样，可以较好地实现语言传播与文化传播的互动。

孔子学院在这方面发挥着重要的作用，2013 年 2 月发布的孔子学院发展规划（2012—2020 年）中指出：要加大孔子学院所在国本土师资培养力度，扩大"孔子学院奖学金"规模，招收更多各国青年来华攻读国际汉语教育专业硕士学位。同时，国家汉办还在具备条件的高校中设立了"汉语国际推广师资培训基地"，服务于海外本土师资培训。

通过对美国中文学习者的访谈，可以发现一个较为普遍的现象，即有不少人是由于对中国文化感兴趣才开始学汉语的。因此，在汉语国际传播的过程中，可以将语言传播与文化传播作为一个系统工程同步推进，使对外文化传播与语言传播步入相互促动的良性循环状态。

把握语言学习的需求动机，激发国外人群的学习热情

在汉语对外传播中，应对目标人群的语言学习需求进行细分，并制定相应的传播策略。首先，区分学习者的动机属于实用需求还是文化需求。针对前者，在基本语言教学的基础上，还可以开设《商务中文》《科技中文》等满足学生实际需求的课程；针对后者，可以围绕中国传统文化和现当代文化，从书法绘画、舞蹈音乐、手工技艺、影视媒体、饮食服饰等多个门类设计教学内容，帮助学习者更好地了解中国文化。其次，在学校、社区等教学环境中，针对不同年龄、不同职业目标人群的需求特点，一方面满足现有学习者的需要，另一方面，也要把握潜在学习者的需求，通过有效的课程营销，吸引更多人开始学习中文。在这方面，一些社会培训机构或许可以发挥市场适应性强的特点，根据目标人群的需求，适时推出新的语

言教育产品或培训服务。

因此，我们在汉语对外传播中，可以整合多方的教育资源，如孔子学院、目标国家大学的中文专业以及中小学的中文课程、社区公共教育、商业教育培训机构等，有效协调、优势互补，激发和满足不同类型群体的汉语学习需求。

挖掘文化产品的独特魅力，由文化吸引力催生语言竞争力

对一个国家的文化或者某一种文化产品感兴趣，从而开始学习这个国家的语言，这在外语学习者中是一个较为普遍的现象。如中国功夫电影、日本动画片、韩国电视剧等，是不少青少年学习汉语、日语、韩语的最初动因。因此，从具体的文化产品入手，打造好中国的文化名片，通过独具魅力的文化产品，吸引目标受众关注中国文化。

但是，由于文化理解问题的存在，中国的文化产品在欧美等西方国家的传播不可避免地会面临一些困难。因此，要做好对自身资源和受众特征的分析，找到产品和受众之间的对接点，培养海外受众对中国文化产品的好感和兴趣，不仅可以减少因文化理解带来的刻板印象，并且能够由于对文化的喜爱产生学习语言的愿望，从而用文化的吸引力催生语言的竞争力。

因地制宜，形成与当地文化相适应的语言传播方式与策略

我们知道，不同的国家、地区，不同的种族、民族，拥有不同的文化、习俗以及价值观。具体到教育方面，也会有不同的教育制度、模式和理念。比如，与本土师资相比，我们外派的汉语教师虽然在专业素养上更胜一筹，在教学方式、方法上却往往不及对方。根据有关方面的调查，教师的教学风格与方法是导致学生外语学习动机增强或减退的重要因素之一。旧金山州立大学孔子学院的美方院长告诉笔者，他们希望中文教师在赴美之前能够掌握美国课堂管理、教学以及组织课外活动的方法和要求，缩短到美之后的适应时间。除此之外，做好跨文化传播方面的知识准备，也是我们在进行汉语国际传播中需要重视的问题。特别是在一些移民国家，如美国，汉语教师在课堂上可能要面对不同肤色、种族的学生，掌握跨文化

传播的基本理论和技巧，才能在与不同族裔学生的交流中更加游刃有余、有效地进行语言与文化的传播。

（作者系首都师范大学文学院副教授；《语言文字报》2014 年12 月 5 日第 4 版）

大型赛事如何助力国际中文传播

乔江山　李　艳

2022 年北京冬奥会和冬残奥会的成功举办，在向世界交出优异答卷的同时，也为国际中文传播和中国文化表达积累了可供借鉴的经验路径。2023 年，第 31 届世界大学生夏季运动会（以下简称"大运会"）即将在四川成都举办，预计有 170 个国家、1 万余名运动员及官员参会，1 万余名国内外记者驻区报道，150 万人参与志愿服务，全球关注量将突破 8 亿人次。

大型国际赛事是国家形象传播的重要途径，大运会是全球青年群体的盛会，青年决定着世界的未来，也是中文国际传播的主要对象。基于此，本文拟从大运会的语言服务产品及服务供给状况入手，分析其如何开展中文传播，并尝试为大型赛事中如何更好地实现跨语言交流、传播中国文化、构建良好的国家形象提供建议。

一

语言产品 / 服务的供给为大运会中文传播提供了有力支持。基于语言需求，成都大运会目前推出四款语言技术产品、两册语言出版产品、两款应用程序（APP）及若干语言创意产品等。

这些语言产品及服务基本可以满足不同受众群体的语言需求，在发挥核心功能即解决语言问题的同时，兼具文化功能与可持续发展功能。例如，语言创意产品的设计为中国文化与世界接轨，更好地"走出去"贡献思路；语言教学平台的应用为未来中文及中华文化的教学提供了新的发展空间。

二

成都大运会以上述语言产品及服务为载体，通过区域文化展示与国家形象建构两种途径助力国际中文传播。

（一）区域文化展示

四川作为巴蜀文化的中心地带，其美食文化、茶文化等特色文化享有盛名，川剧、蜀绣等非物质文化遗产也具有独特的价值。

《成都2021年第31届世界大学生夏季运动会汉英公示语汇编》汇集了4000多个"大运词条"和"成都词条"，涵盖"川茶""钵钵鸡"等众多本土文化词汇；《千年之约》《乐在成都》等主题推广曲生动诠释了成都的城市精神；《Panda之城》推广曲中融入了"闷兜儿（憨厚可爱）""妖艳儿（时髦且有风情）"等地道成都方言，并设计六国外语演唱"欢迎来成都"的片段，通过音乐这种无国界的交流方式体现出语言的多元性和文化的包容性；"大运巷""大运号"（车厢）等地标性的语言景观设计也融入了熊猫、特色建筑等当地元素。

这些语言产品成为区域文化展示的重要窗口，营造了积极有趣的中文传播氛围。这既是文化自信的体现，也是希望以此为契机引发文化关注，进而拓展中文传播的空间。

（二）国家形象建构

良好的国家形象是国际中文传播的基础，中文的国际传播也是国家形象建构的重要方式之一。

第一，语言技术产品的广泛应用与科技强国形象建构。

在2022年北京冬奥会和冬残奥会中，科大讯飞提供了百余台双屏翻译机等语言技术产品，应用于冬奥村、抵离服务点、主媒体中心等核心点位，提供了优质、高效的跨语言翻译服务，收获了好评。语言技术产品的广泛应用有效增强了国际社会对我国经济发展、科技创新的认同度，同时进一步推动了我国智能产品走向国际，展示了中国的科技强国形象。基于形象认可，语言技术产品的应用也就增强了受众与中文之间的联系，成为传播桥梁。

目前大运会在筹办过程中推出的系列语言技术产品，除满足各类受众即时、准确的语言翻译需求，实现跨语种无障碍交流外，还迎合了大学生群体对科技产品的青睐。此外，从疫情防控的角度来看，语言技术产品的应用能够有效减少人员接触及对语言服务志愿者的需求量，降低疫情传播风险。

第二，高质量语言服务与文化强国形象建构。

高质量的语言服务有助于提升城市形象，也是语言文化"走出去"进而推动文化强国建设的重要方式。首先，智能语言技术产品、大运会术语库及《成都大运会参赛国家 / 地区名称及旗帜手册》提高了语言服务的规范性、准确性，是中文传播的重要途径，也是城市语言服务能力的体现。其次，全球中文学习平台中的相关模块为来华运动员、官员等提供了场景会话教学、发音学习、文化科普等服务，在满足中文学习需求的同时提高中文的传播力、影响力。最后，《大运通》和《大运小译》两款应用程序作为公共语言产品，拓宽了高质量语言服务的辐射范围。其中《大运小译》可以帮助使用者在预设的场景中学习简单的汉语口语，在满足日常交际需求的同时助力中文走向世界。

不过，我们也发现，目前大运会的语言产品 / 服务供给主要集中于运用语言技术解决即时语言转换需求；在中文传播方面，还需要进一步了解国外大学生运动员的中文学习需求，进而提供层次化的中文产品 / 服务。

三

基于上述分析，我们尝试以成都大运会为例，为大型国际赛事中文传播提供优化对策：

第一，依托语言产品，优化伴随式汉语输入。

不同于传统的中文学习模式，大运会期间的中文传播更强调伴随式输入，即在运动员衣食住行的场景中融入中文元素。例如依托语言技术产品，在就餐区、住宿区、通勤等候区、区间班车等环境中设置吉祥物中文对话机器人，设定相应话题，为运动员创设中文对话语境及语言接触机会；在《大运通》登录页面增加中文语音识别登录打卡选项，辅以积分等方式，提供伴随式汉语学习服务；精准推送影音作品、文化科普等内容，增加受众对中文的关注度，进而增强其学习汉语的兴趣。

第二，开展文化活动，营造汉语学习氛围。

大运会期间，主办方可以抓住年轻运动员好奇心强、好胜心重，注重科技感、交互感的特点开展丰富的文化活动。例如借鉴"汉语桥"的形式，根据运动员中文水平，在大运村内分组别举办中文朗读、书法、剪纸等比赛；开展VR实景体验活动，穿插川剧等非遗表演内容；联动场馆进行地标打卡，为每个场馆设置一个具有中文特色的符号，最终拼凑为一个完整图案等。在此过程中，应极力优化传播内容，明确受众需求，寓教于乐，丰富参加大运会的大学生运动员在中国的生活，营造学习汉语的良好氛围，在趣味活动中助力中文传播。

第三，融合文化元素，丰富语言创意产品设计。

语言创意产品往往因独特的设计、较强的美观性而颇受欢迎。目前大运会的文创产品主要为会徽、吉祥物的衍生品，未来可以融合汉字等文化元素，丰富语言创意产品的设计，如参考北京冬奥会各国语言"你好"的徽章、三赛区名称创意组合徽章等进行设计，也可以将川剧、美食等元素与语言元素结合，实现语言文化双传播。此外，竞赛场馆、训练场馆、大运村等场所准确、美观、精致的语言景观设计也有助于运动员感知中文，进而推动中文传播。

第四，结合分层需求，关注学习平台产品研发。

大运会的运动员群体既是参赛者，同时作为大学生，也是中文学习的主要群体之一。其中除了零基础学习者外，不乏有一定中文基础的学习者。可以针对不同的需求动因和汉语水平，进一步依托全球中文学习平台及系列产品开发学习资源。如利用疫情延期举办的筹备期，开设短期汉语速成课程，从实际口语交际需求出发，提高来华运动员的汉语水平，同时也增强中文传播力度。

第五，加强语言培训，提高语言服务质量。

从构建良好的国家形象的角度来看，新冠肺炎疫情为大运会的举办带来了更多挑战，如何更好地协同各方力量落实防疫政策，关乎赛事举办的安全性，以及中国防疫的科学化、人性化形象。以北京冬奥会语言服务为参考，北京冬奥组委特设"新冠联络官"，对接来华团体、个人，部署防疫措施。疫情防控常态化模式下，大运会也需要对语言服务方（专业翻译及志愿者）加强防疫相关领域的语言培训，例如防疫术语、防疫政策解答等，以便提供更加精准、高效的防疫语言服务，以高质量的语言服务助力构建兼容并包、自信大气的国家形象。这也有助于推动中文传播、提升中文国际话语地位。

（乔江山系首都师范大学文学院、中国语言产业研究院硕士研究生；李艳系首都师范大学文学院教授、博士生导师，中国语言产业研究院执行院长；《语言文字报》2022年10月12日第2版）

建设和谐健康高质量的社会语言生活

李 艳

国务院办公厅印发《关于全面加强新时代语言文字工作的意见》（以下简称《意见》），对新时代语言文字工作作出部署。"十四五"开局，我国步入以高质量发展为主题的新发展阶段，《意见》的发布，必将有力地指导我们建设和谐健康高质量的社会语言生活。

《意见》是新中国成立以来第一次以国办名义下发的全面加强语言文字工作的指导性文件，这本身就是一大创新之举。文件要求"加强语言产业规划研究。坚持政府引导与市场运营相结合，发展语言智能、语言教育、语言翻译、语言创意等语言产业"。近十年来，"语言产业"从学界探究，到进入国办文件，成为国家政策正式提出；我们坚信，未来十年，语言产业的学术研究和实践发展，必将迎来更为繁荣的局面。我们还看到，语言资源、语言能力、语言服务、语言技术、语言政策、语言规划、语言智库、语言治理等"语言生活"术语在文件中得以充分体现。语言经济生活无疑是社会语言生活面貌的重要方面，与语言政治生活、语言文化生活等共同构成社会语言生活的整体图景。要揭示语言经济生活的问题、规律，研究语言产业的现状、理论、政策和发展路径；开展语言产业调查，掌握语言产业国情，建立语言产业全行业数据库；推进产学研结合，重视实证研究、案例研究和问题导向研究；开展语言产业政策研究、国别研究，发挥智库作用，以学术服务国家发展战略；突出"新文科""交叉学科"的特质，建立语言产业学或语言产业经济学，为语言产业的发展做好人才培养服务和社会服务。《意见》关于语言产业及相关内容的表述和要求，无疑构成其中一个显著的创新点。

《意见》要求"大力提高国家通用语言文字普及程度"，提出"到2025年，普通话在全国普及率达到85%"；同时要求"大力推进语言资源的保护、开发和利用。科学保护方言和少数民族语言文字"。这两方面的要求是对《中华人民共和国宪法》《中华人民共和国民族区域自治法》《中华人民共和国国家通用语言文字法》的贯彻，表明了我国奉行的基本语言政策，即确保国家通用语言文字的主体地位，普通话是56个民族的共同语，必须坚定不移地推广普及，同时要保护语言的多样性也就是文化的多样性，传承汉语各地方言和各少数民族语言，处理好普通话、方言、少数民族语言之间的关系，构建和谐的社会语言生活。这里有两大任务，既要注意消除语言冲突，主体与多样相统一，维护社会安定和民族团结；又要注意挽救语言濒危，维护语言生态和文化生态，保护好、传承好语言类非物质文化遗产。2018年，联合国教科文组织、中国教育部等联合主办的"世界语言资源保护大会"在我国举办，与会者共同讨论发布了《岳麓宣言（草案）》。会议前后，中国语言资源保护工程全面实施，第二期建设也已经启动，这一世界上规模最大的语言资源保护项目，充分说明我国的语言政策既融入世界，又适合国情。

《意见》要求"按照'聚焦重点、全面普及、巩固提高'的新时代推广普通话工作方针，分类指导，精准施策"。为贯彻落实这一方针，在实际工作中，既要着力实现均衡普及，又要着力实现高质量提升。2025年普通话普及率实现85%，同时实现各级各类学校语言文字工作全面达标、城市语言文字工作评估全面完成，并且高质量建设一批国家语言文字推广基地。规划工作任务时可以考虑在少数民族地区实施"家园中国"推普攻坚行动，服务铸牢中华民族共同体意识；可以考虑实施语言文化建设助力乡村振兴行动，服务国家的乡村振兴战略；可以考虑在各级各类学校实施国家通用语言文字高质量提升行动，服务推动建设高质量教育体系。在具体举措上，语言文字宣传教育应注重新媒体、融媒体运用，通过技术赋能增强宣教效果；语言治理应体现路径创新，如大力提高国家语言文字法律法规的社会知晓度，纳入各级政府普法计划；如对高校普通话水平测试、汉字应用水平测试做出统一的制度性安排，纳入学分管理；秉持"扎根学校、深入家庭、辐射社会"的理念，推动社会多层面的语言文化建设工作，提升国民语言文化素养，提高国民语言能力，如在城市社区开设"市民语言文化大讲堂"，在中小学开展"语言文化主题校园建设"，在全社会开展"寻找经典诗文中我的家乡"活动等。

总之，我们要充分认识语言文字事业的基础性、全局性、社会性和全民性特点，"十四五"乃至更长一段时期，在《意见》的指导、引领下，语言文字工作一定能够为我国社会的全面进步和人的全面发展做出新的更大的贡献。

（作者系首都师范大学文学院教授、博士生导师，中国语言产业研究院执行院长；中国社会科学网 2021 年 12 月 27 日）

基础教育领域规范汉字书写现状分析及建议

乔立荣

《中华人民共和国国家通用语言文字法》规定："国家推广普通话，推行规范汉字。"北京地区的普通话普及率已达到 95%，但是对于汉字书写的规范还没有具体的评价办法，相关比赛或书法展示尚未涉及对书写过程、笔顺笔画的考评。事实上，笔顺笔画书写的规范性十分重要，若书写时无法自然而然地连接下一笔，会影响笔速。此外，现代社会智能化、信息化程度加深，人们写字的时间越来越少，经常提笔忘字，这对规范汉字书写也提出了挑战。

在此背景下，国家语言文字推广基地（北京语言文字工作协会）在北京市和湖北省荆州市的 11 所小学，面向二年级学生进行了规范汉字书写水平测试，围绕书写的正确性、规范性、整洁性、美观性等方面，对书写速度、笔序、笔形、字形、间架结构、卷面章法等进行测试评定。北京市 6 所学校 1144 名学生、荆州市 5 所学校 1690 名学生参加了测试；此外，还有 16 名成人接受测试，作为与学生测试情况的对比。主办方选取 20 个典型汉字，对被测试学生的书写过程进行监测和评价，并形成系统的书写报告。

一

北京 6 所小学回收有效测试 950 份，荆州 5 所小学回收有效测试 1582 份，成人参与者有效测试 16 份。北京被测试者书写正确率为 46.3%，其中，整体正确率最高的为北京教育学院附属大兴实验小学，达到 54%；6 所小学书写规范性平均得分 82.86 分，最高分为北京教育学院附属大兴实验小学，为 83.75 分。荆州被测试者平均书写正确率为 44.8%，其中，沙市区实验小学整体正确率最高；5 所小学书写规范性平均得分 82.57 分，其中，沙市区红星路小学得分最高，为 84.49 分。成人受测者书写正确率为 52%，书写规范性平均得分为 77.09 分，低于二年级学生书写规范性分数。

被调查的这 11 所学校的被测试者存在的最普遍问题是书写错误、字形结构不当、书写行为不当，笔画形态错误问题也亟须关注；规范、美观与间架结构方面的问题相对较少。在所测试的 20 个汉字中，出现错误最多的有"造""好""哪""比"等，错误集中在笔数上，成人的书写错误较少，但书写规范性不如小学生。

二

整体来看，11 所学校的书写正确率大多未过半，其中，出现错误最多的字是"造""比""哪""回""跳""海""好"7 个，女生的正确率普遍高于男生，学习成绩与书写正确率呈正相关趋势。具体来看，书写错误体现在以下三个方面：

第一，笔数错误。笔数错误占全部错误的 30%。其中，左右结构的字错误最多，其次是半包围结构、上下结构、独体字，如"连""造"等。在成人测试中，笔数错误也是出现最多的，这或许和成年人书写时喜欢写连笔字有关。

第二，笔顺错误。笔顺错误占 35%，左右结构字的笔顺错误在全部笔顺错误中约占 25% 以上，半包围结构与独体字的笔顺错误出现频率相差无几，上下结构的最少，一般在 10% 左右。在测试中，"比""海""好"多出现笔顺错误。

第三，笔画错误。笔画错误约占全部错误的 35%，并且多伴随笔数错误。笔画错误在所有字形结构中出现得比较平均，半包围结构笔画错误出现得较多，上下结构笔画错误出现频率较低。学生在最初学习时未完全掌握笔画，或后续写字时为省时省力遗漏掉一些笔画，都会造成错误。

书写规范性方面也存在一些问题。一是结构不美观。字的结构安排合理，能给人以美感，不合理则会使人感觉杂乱。从测试结果看，二年级学生对于结构的安排不尽如人意。如左右结构的字两个部件距离远，中间空隙过大，甚至使人将其认成两个字，造成误解。二是部件布局错位。部件布局错位也会影响字的美观。如左右结构的字两个组成部分一高一低。三是长宽比不规范。如"好"字整体上是一个长大于宽的字，有学生写得长小于宽；"回"是一个上下基本等宽的字，有学生写得上宽下窄，不合比例。四是无节奏书写。人说话时有轻重缓急，写字时也有一定的节奏。二年级的学生本就在学习写字的阶段，不会像成人一样有稳定的笔速与节奏，简单的字写得快、复杂的字写得慢是常见情况。如果没有在最初学习写字时培养书写节奏，会对以后的学习造成一定影响。

出现以上问题的原因有两个方面。第一，从内部原因来看，二年级的学生还处在学习写字的阶段，原本就对笔顺笔画字形等理解不够深刻，没有记住规范字的笔画笔顺，也没有强烈的规范意识。对他们来说，最后写出的字与规范字相差无几即可，不必研究正确的笔顺、笔画及结构。另外，二年级的学生如果没有养成正确的握笔和写字姿势，又为了节省时间，就很有可能将笔画简写或写得不到位，在以后的书写中成为遗留问题。第二，从外部原因来看，教师在教授过程中可能没有完全讲解到位，且教师由于常书写连笔字，导致笔画笔顺记忆不清晰，在书写教学中容易产生错误。家长也有同样的问题，辅导孩子时也可能出现书写错误。此外，社会上经常会有一些艺术字用作广告或招牌，很多艺术字书写不规范，会对学生造成困扰，影响正确书写。

三

对于如何提高小学生规范汉字书写能力，笔者有以下建议：

第一，加强识字和写字基础练习。学生需要特别加强对 32 个基础笔画的练习，加强笔画数量、笔画顺序规律、各笔画书写特征和应用技巧的训练，形成习惯性记忆；进行规范书写强化训练，养成良好的书写习惯，形成书写前细致观察和提前布局笔画的书写能力和习惯，加强对汉字主笔和重心的理解，做到主笔突出、重心稳定。

第二，培养正确书写的意识。教师要以《通用规范汉字表》和《通用规范汉字笔顺规范》为准，做好书写示范，不写错字别字，在日常教学中纠正学生的不规范写法，培养其正确的笔顺笔画书写习惯，使其在学习写字初期就养成书写规范字的意识。

第三，注重课后书写的规范。家长应重视孩子的书写情况，时常监督孩子规范书写，培养其良好的书写姿势与书写习惯。

第四，加强规范汉字书写的基础教学。如学校将规范汉字书写纳入学生测试，尤其是一二年级的测试；师范院校应加强对师生规范汉字书写的培训与测试。

第五，营造使用规范汉字的社会氛围。社会各界自觉使用规范汉字，强化书写使用规范汉字的意识，为推行规范汉字创造良好的社会环境。

（作者系首都师范大学文学院、中国语言产业研究院硕士研究生；《语言文字报》2023 年 8 月 9 日第 2 版）

中国汉字棋助力中华语言文化国际传播

李 艳

一、中国汉字棋的语言创意属性及受众类型

语言创意是将语言文字作为一种文化资源，以具有创意的方式来对语言文字进行组合、设计，形成具有差异性的、独特性的呈现或表达，并因此产生新的价值或使价值倍增。

汉字棋被定位为一种竞技型的智力游戏，从语言产业的视角进行分析，其是以汉字组词为竞技内容，参照棋类项目的竞技规则，融合汉字、拼音的相关元素，将汉字组词学理与智力运动棋理相结合进行创意设计而形成的一种语言创意产品。

（一）中国汉字棋的语言创意属性

1. 以汉字作为创意之源

2014 年，宁波市华文汉字应用研究院院长任志甫先生以人教版小学语文教材中的汉字为字源，研发出首套中国汉字棋，包括初、中、高三个等级，每个等级含有两副棋，每副棋有 80 枚棋子，对弈双方各 40 枚，棋子为正六面体，每面有一个汉字，四周环以汉语拼音字母，并用英文字母和阿拉伯数字区别等级和字面，六套棋共包含 480 个棋子、2880 个汉字。

2. 以创意的方式来传播汉字

汉字棋的研发初衷是帮助学习者更好地学以致用：不仅能认识汉字，还能做到熟练地组词运用；同时，还能与所积累的诗词歌赋

等知识建立链接，实现从语言文字到语言文化的拓展。

从棋子与棋盘的设计、竞赛规则的设置来看，中华语言文化的元素以颇具创意的形式渗透其中：棋子设计上体现了"外方内圆""方圆结合"的意蕴；棋盘设计中运用了汉字描红的"米字格"元素；竞赛规则围绕"组词"这一核心目标进行创意设计，两字、三字乃至四字成语均可成词，鼓励对弈者充分调动自身的语言文字知识积累，除了当代生活中日常使用的词汇，来自古诗词中的词语也可运用于游戏比赛之中。

中华语言文化广阔博大。纵向，可以向传统文化拓展延伸；横向，新词语在不断衍生变化中。因此，虽然棋面汉字的数量是有限的，但其组词的可能性又是相对无限的，这使得对弈的过程充满了一定的未知性和吸引力。

（二）中国汉字棋的受众类型

汉字棋的受众类型大致可以分为两大类：一类是国内外的中文学习者，特别是少年儿童和初学者，汉字棋有助于寓教于乐、以赛促学，提高识字和掌握汉字的效率，也是一款可供家长孩子共同参与的亲子游戏；一类是非学习者，即并非以中文学习为主要目的的受众，如成年人特别是老龄受众，汉字棋的功能主要是在汉字的魅力中怡情健脑。

二、中国汉字棋多主题开发的可行性

根据中国语言产业研究院对从事国际中文教育的教师的调查，被访者较为一致地认为：语言艺术资源、语言创意产品在面向外国学习者的中文教学中有助于丰富课堂教学手段、提高课堂教学效率；充实课堂教学内容、开阔学生视野；辅助教师开展教学、突破重难点；激发学生学习兴趣、提高学习效率。语言艺术、语言创意以趣味的方式助力汉字、口语、文化的教学。

在针对海外中文学习者开展的调查中，48.15%和40.74%的学生分别认为语言艺术资源、语言创意产品对于中文学习的作用很大、比较大；约50%的学生认为目前所能接触到的语言艺术资源、语言创意产品尚不能满足学习需求。

因此，探讨中国汉字棋的国际传播问题，首先需要明确国际传播的对象，在此基础上，围绕目标受众的核心需求进行有针对性的产品设计和市场开发。

目前，面向国内的汉字棋开发以《现代汉语常用字表》为字源，针对国外中文学习者的产品研发以 HSK 国际汉语通用教材的汉字为字源。在此基础上，以提高海外中文学习者在真实情境中运用相关词汇进行交际的能力为目标，可以围绕不同语境和场景进行主题开发，如"旅游""餐饮""住宿""交通""购物"，帮助学习者熟悉不同语境和场景中常用的词汇，了解相关语言文化知识；还可以根据学习内容进行不同主题的开发，如"中国历史""中国诗词""中国经典文学作品"等，将历史人物、历史事件、诗词名家名句、经典作品及其作者和主人公的名称等渗透于汉字棋之中，帮助学习者掌握中华文化知识、了解中国历史与国情。

目前，汉字棋已经开发了 APP 版，在此基础上，还可以继续丰富产品功能，比如，如果一方对对方组出的词比较陌生或者想进一步了解其内涵，可点击获得该词的详细释义和多视角链接。

三、中国汉字棋助力中华语言文化国际传播的策略

（一）国内与国外

2018 年以来，汉字棋不仅在宁波当地受到重视，还传播到了国内多个民族地区以及海外近 20 个国家、地区。

未来，应考虑与国际中文教育的发展相结合，与中外文教外事活动和民间对外交往相结合，借助侨办、侨联、人大侨委、政协侨委、致公党等涉侨机构侨务资源的力量加以宣传推广，争取广泛进入内地的国际学校、海外的华文学校、孔子学院等，使汉字棋为更多的中文学习者所认识，成为外国人学习中文的有趣"伙伴"，成为中外文教外事活动和民间对外交往的"外事礼品"。

（二）线下与线上

在现有 APP 的基础上，结合不同受众的需求，开发针对性较强的互动型数字汉字棋，为现有的汉字棋赋予更多的功能，如语音示范拼读、发音评价及矫正、汉字拼写、词汇释义及相关链接等。

由国家语委指导、科大讯飞股份有限公司建设和运营的"全球中文学习平台"借助智能语音和 AI 技术，致力于为学习者制定个性化的中文学习方案。截至 2023 年 8 月 25 日，平台已覆盖 185 个国家 / 地区、累计用户达 978 万、总访问量突破亿次。中国汉字棋的数字产品可申请纳入"全球中文学习平台"，作为该平台的在线产品资源（公益 / 付费），直接为全球中文学习者提供服务。

（三）课堂与课外

汉字棋面向海外的传播，还需要做进一步详细调查，了解不同学段、不同区域中文学习者的需求，探讨其进入中文教学课堂的形式，并结合不同的教学内容安排，对产品设计进行灵活调整。

（四）文旅与赛事

中国汉字棋在助力中华语言文化国际传播中，可以设计专题赛事，也可以参与到相关赛事中；同时，还可以与各类研学项目、修学旅游相结合。此外，还可以进入国外的相关博物馆、语言文化类的博览会等，作为其中相关板块的展示、体验内容。如笔者前不久在宁夏博物馆参观时，注意到其专门设置了一个方棋（一种发源于宁夏固原的民族特色游戏）体验区，吸引了许多小朋友停留对弈和观战，墙上还挂有"方棋游戏玩法"的介绍，有不少小朋友饶有兴趣地现学现玩，汉字棋也可借鉴这一方式，不断扩大自身的影响力。中国传统节气"谷雨"4 月 20 日被确立为"国际中文日"，可以通过中国联合国教科文组织全国委员会的支持，将每年度的汉字棋国际赛事设定在这一天举行。

（作者系首都师范大学文学院教授、博士生导师，中国语言产业研究院执行院长；《宁波日报》2023 年 8 月 30 日第 6 版，有改动；"语言产业研究"公众号 2023 年 8 月 31 日）

数字技术为博物馆里的语言文化学堂插上"传播"的翅膀

李 艳 郭展眉

博物馆具有收藏、研究、教育、文化传播等基本功能，是兼具专业性和普及性的文化学堂。2020 年以来，博物馆展品和文创产品中的语言文化传播相关内容比重在增加，同时，专门的语言类博物馆也不断涌现。博物馆在语言文化传播、国民语言文化素养提升方面的功能逐渐凸显。

当前博物馆语言文化创意产品的开发与传播状况

语言创意，指将语言文字作为一种可开发的文化资源，以具有创意的方式来对语言文字进行组合、设计，形成具有差异性的、独特性的呈现或表达，使其实现价值的提升或者产生新的价值。语言文化创意产品兼具文化性、艺术性和实用性等特点，如北京 2022 年冬奥会期间，以会徽"冬梦"的创意汉字造型"冬"为产品主体设计元素开发的"冬奥文化衫""冬奥雪糕""冬奥挂件"等系列产品，在中华汉字文化和体育竞技文化的碰撞与结合中，传递出独特的文化意蕴。

博物馆是一座连通古今的文化之城，语言创意将助力博物馆开启当代传播的时空之门。当前，博物馆语言文化创意产品大致可分为三类：博物馆基础语言文创、衍生语言文创和联名语言文创等。

博物馆基础语言文创，是采用馆藏文物中的语言文字资源进行创意设计并开发出的语言文创产品。如中国国家博物馆推出的"长乐未央袖扣"，取自馆藏汉代文物长乐未央瓦当中的四字吉语，通过创意造型设计，再结合现代工艺，制作成精美袖扣，赋予产品期盼欢乐长久的传统文化寓意。

博物馆衍生语言文创，是结合博物馆开办的主题展览、科普讲座和文化研学等文化交流活动，从中选择使用频率较高的语言文字进行创意设计并开发出的语言文创产品。如上海博物馆组织的"董其昌书画赏析和珂罗版非遗体验活动"，在展示非遗技艺珂罗版复制董其昌《秋兴八景图册》的同时，还为观众提供书写并直观学习珂罗版书画复制技艺及其印刷方法的创意体验。此外，上海博物馆还研发了极具特色的"玄赏"食品系列语言文创，分为米糕和绿豆糕两类。糕点设计灵感、研发、取材和生产都来自董其昌的故乡松江，糕点图案统一选用董其昌钤印"玄赏斋"中的"玄赏"二字，糕点外包装取自董其昌的书法作品，将江南文化的清韵雅致展现得淋漓尽致。

博物馆联名语言文创，是博物馆＋其他博物馆、图书馆、高校、企业、大型赛事和民俗节日等科教文体活动，从中选取具有代表性的语言文字元素进行创意设计并开发而成的语言文创产品。如云南省博物馆和东方航空联合打造的"凌云逐梦 寻秘云滇"博物馆主题航班，通过邀请乘客共同参与博物馆语言文化题目有奖竞答，以"琴心""追梦人""万害不侵""大鹏金翅鸟""逍遥"等系列精美的博物馆语言文创作为奖品，如"万害不侵"系列鼠标垫、雨伞和遮阳帽等，生动形象地传播了民族地区语言文化。再如源自宁波的中国汉字棋，2018 年以来通过举办赛事的方式，不仅在宁波当地学校得到了普及，还传播到了国内少数民族地区以及海外近 20 个国家和地区。未来，这一棋类语言文创产品可以与博物馆深入合作，成为博物馆中的一款独具特色的语言文化研学、体验产品。

据统计，我国目前已注册的实体博物馆有 6500 余家，其中有 30 余家语言文化主题博物馆、语言学家纪念馆（故居）和书法博物馆，数字博物馆如中国语言文字数字博物馆、北京语言文化数字博物馆。

其中有多家语言博物馆由高校创办、建在高校之中，如广西民族大学语言博物馆、上海外国语大学世界语言博物馆、北京外国语大学世界语言博物馆、贺州学院语言博物馆、枣庄学院世界语博物馆等，其语言文化教育、传播的功能更是不言而喻。同时，综合类博物馆中还包括一定数量的民族文化博物馆，在民族地区语言文化的保护、研究、传承和传播中发挥着重要意义。

数字技术赋能博物馆文化传播的做法与成效

博物馆是一条畅通中外的文化之路，数字技术打通时空局限，为博物馆发挥语言文化学堂功能插上了"传播"的翅膀。

据《中国文化遗产数字化研究报告》统计，90%以上文博机构与超七成消费者已形成拥抱数字化的社会共识。博物馆语言文创数字化是文化数字化的重要内容，数字化将为打造博物馆沉浸式体验赋能，数字化技术的运用将进一步拓展博物馆馆藏语言文化资源创意开发的路径。

一是深入探索"博物馆+数字化"，实现博物馆语言文创数字化。可以采用VR（虚拟现实）、AR（增强现实）、MR（混合现实）和XR（拓展现实）等数字仿真技术，通过开办云展厅、连接小程序端口等方式使相关语言文创产品突破时空与地域的限制，实现在网络中的数字化传播，丰富博物馆语言文创的传播链路。

二是积极构建"博物馆+元宇宙"，打造博物馆沉浸式文化体验。通过在虚拟数字世界中重构博物馆语言文创的设计理念，运用NFT（带有数字典藏品属性的非同质化代币）等技术，开发全真互动、各具特色的元宇宙博物馆语言文创，做好产品细分，使其满足元宇宙博物馆文化项目体验、参观文化展览和参加文化研学等其他多应用场景的需求，为观众打造沉浸式体验的数字孪生空间，拓展博物馆文化服务的超现实体验。

博物馆沉浸式文化体验的效果在很大程度上取决于数字化技术的多维应用和数字化细节的细分程度。因此，还原真实、细腻的元宇宙场景，配合场景应用细分开发元宇宙博物馆语言文创是优化受众体验的重点。2023年4月10日，我国文博领域"首个全真互联元宇宙博物馆"在南京大报恩寺遗址博物馆试运行，向观众提供"千年对望""琉璃拱门""南朝四百八十寺""宝塔奇缘 VR 互动"等 8 个全真互动体验项目。这些体验项目分别与博物馆中的 8 个著名景点相对应，当体验者拿着手机等移动智能终端走到景点附近时，便会自动触发互动机关，展开一场跨越千年的文化"对话"体验。中国国家博物馆开发的"国博衍艺"文创品牌，先后发布了"可爱的中国""时光考古数字宝藏"等 7 个系列的 20 款数字文创产品，其中也包含一些语言文创数字产品，如"利簋铭文"数字藏品，通过动画展现了拓印铭文的过程，立体生动地展示了铭文珍贵的历史语言文化价值。据悉，该数字藏品定价为 25 元，实行预约购买制，上线后便在短时间内售罄。故宫博物院目前已上线"九九消寒图""皇子的课表""乾隆帝田黄三联玺"等 3 款网页版语言文字数字创意游戏，可利用移动智能终端等设备进行即时访问和体验。国家典籍博物馆与字节跳动合作推出了互动解谜游戏《故纸修复师·碎丹青》，通过数字技术将晦涩难懂的古文典籍转为层层相扣的谜题，使游客在手机上可即时体验探索解谜的神秘和乐趣。

为了收藏、研究、展示、阐释中华优秀语言文化，中国语言文字数字博物馆于 2023 年 3 月开馆上线，致力于打造"中华优秀文化传播的新窗口""新时代全民阅读的新课堂""智慧教育学习生态的新载体"等。

未来，博物馆行业应继续积极探索并开发博物馆语言文创数字空间，结合元宇宙等新技术开发博物馆文化传播的职能层次，努力构建起具有中国特色的博物馆语言文创数字体系，在完善国家公共文化服务体系、传承和传播中华优秀传统文化的交叉点上发挥特点鲜明、不可替代的基础作用。

（李艳系首都师范大学文学院教授、博士生导师，中国语言产业研究院执行院长；郭展眉系首都师范大学文学院、中国语言产业研究院博士研究生；《中国艺术报》2024 年 1 月 10 日第 5 版）

报道集锦

北京成立研究中心助推语言产业发展

日前，"北京语言产业研究中心"成立仪式在首都师范大学举行。该中心系国内首家语言产业研究机构，由北京市语委批复成立，是其研究基地之一。北京市教委主任、市语委副主任、首都师范大学副校长等出席了成立仪式。北京市语委办主任贺宏志宣读北京市语委关于成立"北京语言产业研究中心"的批复。

"北京语言产业研究中心"由首都师范大学语文报刊社召集，由文学院、国际文化学院、市语言文字测试中心等单位的相关研究人员组成。北京作为我国首都以及具有影响力的国际化大都市，是国家语言政策的发源地，也是中国语言文化与世界各国语言文化交流的中心。中心将围绕语言产业研究方向，整合相关研究资源，寻求产、学、研的结合，建立一个有特色的应用性研究平台，研究和推动北京语言产业的发展。

据悉，中心成立后，将着手调研北京语言产业的发展状况，研究语言产业的发展政策，建立北京语言产业数据库，出版《语言产业导论》，举办语言产业论坛等。

（《语言文字报》2010 年 10 月 27 日第 1 版，《语文导报（语言文字工作专刊）》2010 年 9 月 30 日第 1 版）

中国语言资源有声数据库北京项目启动

中国语言资源有声数据库建设北京启动仪式暨北京语言文化建设研究中心成立揭牌仪式日前在京举行。教育部副部长、国家语委主任李卫红，北京市副市长、市语委主任洪峰出席仪式。

李卫红表示，北京是继江苏、上海之后全国第三个开展语言资源数据库建设的省市。她希望承担这项任务的有关单位和专家团队认真学习、借鉴先行试点省市的工作经验，严格按照调查规范开展工作，保证项目建设的科学性和规范性，并发挥各方面的作用和创造性。

李卫红指出，北京语言文化建设研究中心的成立，是北京市语委贯彻落实国家语委工作要求的具体举措，是省、市语委加强科研工作、建设科研基地的有益探索。希望北京语言文化建设研究中心积极开展语言文化基础研究、应用研究和对策研究，注重研究的战略性、前瞻性和针对性，为北京市和我国的语言文字事业做出贡献。

洪峰在讲话中强调，积极抢救、整理、保护北京的语言文化遗产，开发利用好我们的语言文化资源，是一项功在当代、惠及后人的语言文化工程，市政府将为顺利开展这项工作创造良好条件。

教育部语信司司长李宇明、北京市教委主任姜沛民分别为中国语言资源有声数据库建设北京项目专家组组长曹志耘、北京语言文化建设研究中心主任张维佳颁发聘书。与会专家还围绕"北京语言文化建设"进行了主题研讨。

（《语言文字报》2011 年 6 月 8 日第 1 版，《语文导报（语言
文字工作专刊）》2011 年 5 月 30 日第 1 版）

首届中国语言产业论坛在京举办

为贯彻学习党的十八大精神，繁荣语言事业，发展语言产业，建设语言强国，第一届中国语言产业论坛 12 月 1 日在京举办。国家语委主任、教育部副部长李卫红，北京市副市长、语委主任洪峰出席论坛开幕式并致辞。来自国内相关领域的专家学者和企业界代表 100 余人齐聚一堂，献计中国语言产业发展。

李卫红在致辞中说，乘十八大东风，首届语言产业论坛的举办可谓得其时、得其势，于学界、产业界意义重大。推动语言产业科学发展，建设语言产业强国，是贯彻十八大精神、建设社会主义文化强国的重要方面。她指出，中国是语言资源大国、语言消费大国，但还不是语言产业强国，语言培训、语言测评等产业化有待加强；中文信息处理技术有了重大突破，但产业化水平还有很大提升空间，知识产权保护力度急需加强；以移动终端为载体的语言、语音服务软件产业的国际竞争亟待主动出击，扭转局面；作为汉语区中心的北京，要有像巴黎、伦敦、柏林那样的国际语言展会或博览会；我国语言创意产业仍在萌芽期。

李卫红提出了三点希望：一是语言文字工作者要拓宽视野、融入全局，树立"大语言观"；二是专家学者要深入调研、创新研究，献计语言产业发展战略；三是企业家要凝心聚力、共谋发展，打造语言产业集群。

洪峰表示，首届语言产业论坛的成功举办，为我国语言产业发展翻开了新的一页。他认为，当前，语言产业研究站在新的起点，语言资源开发面临新的机遇，语言产业发展进入新的阶段。北京市将继续贯彻国家语委"拓宽视野看作用，融入发展促发展"的工作要求，加强语言文化建设，研究推动语言事业和语言产业发展，为全面建成小康社会做出新的更大的贡献。

首都师范大学教授周建设、山东大学经济研究院教授黄少安、北大方正电子有限公司张建国分别就语言产业的现状、语言产业战略和中文字体产权保护等议题作了发言。专家学者和企业代表还就语言产业的组织分析、语言服务与语言消费、语言信息产业与语言信息技术、汉字排序等话题各抒己见，围绕共同关心的语言产业发展趋势与发展战略等话题进行了深入而热烈的研讨。

据了解，中国语言产业论坛将每两年举办一届，此次论坛由北京市语言文字工作委员会主办，北京语言产业研究中心承办。

（《语言文字报》2012年12月5日第1版，《语文导报（语言文字工作专刊）》2012年12月30日第1版）

北京语言文化建设促进会成立

北京语言文化建设促进会 1 月 30 日在京成立，并召开第一次会员大会。

会议审议并表决通过了促进会章程和办法，选举产生了第一届理事会、监事会。促进会将致力于聚合政府、社会、市场的力量，组织开展语言需求和语言产品的市场调研，收集、整理和传递国内外语言文化、语言产业动态信息，进行市场分析、预测，推动语言产业经济贡献度的研究、语言产业扶持政策的制定和语言产业统计指标体系的建立，推动语言产业科技园、中华语言文化博物馆的兴办，推动"中国北京国际语言文化博览会"的举办。

北京语言文化建设促进会是北京市语委领导下的社会团体，由一批语言文化企业事业单位和语言文化研究专家发起成立，目前有单位会员近 50 家，个人会员 100 多人。

（《语言文字报》2013 年 2 月 1 日第 1 版，《语文导报（语言文字工作专刊）》2013 年 2 月 28 日第 1 版）

首届语言文化建设学术论坛召开

近日，第一届语言文化建设学术论坛在北京语言大学召开。教育部语用司、语信司，上海、河北、黑龙江、安徽、重庆、新疆等省、市、自治区语委办的负责同志及有关科研教学机构的专家共 60 余人参加了会议。

语言文化建设是近年来北京市语委和北京语言大学共同关注的研究领域。北京市语委把"北京高校语言文化建设"作为科研项目实施，北京语言大学则专门成立了"语言文化建设研究中心"。这两个机构通力合作，2013 年 11 月，34 万字的研究成果——《语言文化建设导论》公开出版发行。会议探讨了语言文化建设的内涵及其构成要素，初步建立了语言文化建设的分析模式，还尝试按照文化建设规律，从本体建设、应用建设、管理建设、价值目标 4 个维度对语言文化建设的内容进行梳理。会议强调加强语言文化建设就是为了提升国家语言实力，实现语言强国之梦。

《语言文字报》2013 年 12 月 18 日第 1 版，《语文导报（语言文字工作专刊）》2013 年 11 月 30 日第 1 版）

《语言产业引论》简介

国家的语言文化建设包括两个方面，一是繁荣语言事业，二是发展语言产业。语言产业是以语言为内容、材料或以语言为加工处理对象，提供语言产品或语言服务的产业形态。

《语言产业引论》（贺宏志主编）是第一部以语言产业为内容的学术专著，2012年初以《语言产业导论》之名出版。2012年末，北京市语委主办、北京语言产业研究中心承办了"第一届中国语言产业论坛"，《语言产业导论》写作团队全体参会，受益匪浅，随即启动了对《语言产业导论》的修订。《语言产业引论》反映了写作团队一年多的新思考、新探索。如对"语言服务""语言消费"进行了深入讨论，同时，尽可能地更新了有关的数据，斟酌了有关的表述与论证。

修订后的《语言产业引论》对语言产业这一概念提出了初步的理论分析，讨论了语言资源、语言服务、语言产品、语言需求、语言消费、语言技术、语言职业、语言企业等相关范畴以及我国语言产业的发展机遇与发展战略，并全面介绍了语言产业的9个具体产业形态。教育部语信司原司长、现北京语言大学党委书记李宇明教授重新为本书写了序言。

作者指出，由于语言在文化中的特殊地位，语言问题不仅是国家的文化问题、教育问题，而且是政治问题、经济问题，同时也构成国家的安全问题、战略问题，语言产业的未来发展具有重大的经济意义和战略价值。

（《语言文字报》2014 年 2 月 28 日第 4 版，《语文导报（语言文字工作专刊）》2013 年 11 月 30 日第 1 版）

《中国语言文化主题邮票珍藏册》简介

近年来，北京市语委办语言文字工作经常有创新点。2014年，他们与中国邮政合作，独具创意地编辑出版了《中国语言文化主题邮票珍藏册》。

该珍藏册围绕"弘扬语言文化、繁荣语言事业、发展语言产业、建设语言强国"的愿景，汇集中华优秀传统语言文化元素与新中国语言文化建设成就，以集邮文化为载体，集中展示书法、唐诗、宋词、曲艺、话剧、成语、文房四宝等语言文化元素，珍邮品种多达69枚。珍藏册首次从语言事业、语言产业的视角，全面梳理了新中国语言文化建设的重大成就，其中包括中共中央、国务院有关语言文字工作的指示，国家语言文字工作委员会，全国语言文字工作会议，推广普通话，扫除文盲，汉字简化，《汉语拼音方案》，《国家通用语言文字法》，少数民族语言文化事业，国家语言文字标准规范，规范手语盲文，语言文字水平测试，孔子学院，汉字激光照排，《新华字典》等语言工具书出版等内容。为语言文化界、语言产业界企事业单位和广大集邮爱好者提供了一份品质高雅的纪念品、宣传品，也是国内唯一的以中国语言文化为主题的集邮藏品。

邮册制作精美，设计风格雅致，画面气势恢宏。岁月悠悠，历久弥新，翻阅邮册，在回思、体味中华语言文化辉煌过往和新中国语言文化建设巨大成就的同时，请珍藏语言文字工作者对祖国"语言强国"与"强国语言"的期望和祝福！

（《语言文字报》2015 年 1 月 30 日第 4 版）

北京语言文字工作协会成立

6月6日，北京语言文字工作协会成立大会暨第一次会员大会在京召开。北京市语委办主任贺宏志宣读《北京市语言文字工作委员会关于同意筹备成立北京语言文字工作协会的批复》和《北京市民政局行政许可决定书》。

会议表决通过了北京语言文字工作协会第一届理事会和监事会。会议明确协会宗旨为贯彻国家有关语言文字工作方针、政策，团结本市语言文字工作者和语言文化爱好者，在政府、组织机构、个人之间发挥桥梁、纽带作用，构建一个相互交流的平台，促进相关资源的整合和政策的制定，助力北京语言文字工作发展和语言事业的繁荣。协会业务范围包括开展调查研究工作、开展语言文化培训、普及语言文字规范标准、引导关于语言文字问题的社会认知等。会议明确，协会接受北京市语言文字工作委员会的业务指导，接受北京市语言文字工作委员会、北京市社会团体登记管理机关的监督管理。

据了解，北京语言文字工作协会由商务印书馆《汉语世界》杂志社、北京北方中和国际教育发展中心等有关单位和个人自愿联合发起成立，是经北京市社会团体登记管理机关核准登记的非营利性社会团体法人。

（《语言文字报》2016年6月24日第1版，《语文导报（语言文字工作专刊）》2016年6月30日第1版）

专家研讨语言经济与语言产业发展

　　10月22日，第七届中国语言经济学论坛暨第二届中国语言产业论坛在北京举办。国家语委和北京市语委相关负责人，来自首都师范大学、北京语言大学、武汉大学、山东大学等国内30余所高校的学者、语言企业及媒体代表60余人参加了论坛。

　　教育部语信司司长田立新在开幕式致辞中说，今年是"十三五"开局第一年，要加强对语言资源的统筹协调，创新语言服务方式，增强语言经济意识，支持语言产业发展，推动形成新的经济增长点。北京市语委办主任贺宏志表示，语言不仅是文化问题、教育问题，也是政治问题、经济问题，同时也构成国家的战略问题、安全问题；语言是助推世界文明进步的力量，具体来说，一是人际沟通的力量，二是代际传承的力量，三是国际传播的力量，四是心灵感染的力量；今天聚焦的语言经济学、语言产业问题，提供了表现语言力量的手段。

　　论坛还进行了简短的发布仪式，商务印书馆出版的《北京语言生活状况报告2016》新书发布。北京语言大学党委书记李宇明教授、田立新司长、贺宏志主任、商务印书馆周洪波总编辑对新书进行了介绍。该书是我国首部地域版、城市版语言生活状况报告。

　　论坛包括主题报告与分组报告两个环节。在主题报告环节，山东大学黄少安教授、北京语言大学李宇明教授、武汉大学赵世举教授、加拿大渥太华大学吉尔斯·格雷尼尔教授（Gilles Grenier）、科大讯飞教育事业群汪张龙副总裁等 5 位专家，分别以"反殖民主义与语言通用度变化""语言规划与经济规划的照应关系""作为人力资本的语言资本及其效用""加拿大与语言相关的经济问题""人工智能及其在语言产业中的应用"为题发表演讲。在分组报告环节，20 位学者作交流报告，内容涉及语言产业、语言资源、语言能力、语言服务、语言消费与语言需求、语言政策与规划、语言规范标准、语言的经济功能、语言产业经济贡献度测算、语言信息技术产业、翻译产业等议题。

（《语言文字报》2016 年 10 月 28 日第 1 版，《语文导报（语言文字工作专刊）》2016 年 10 月 30 日第 4 版）

首届中国北京国际语言文化博览会将举办

6 月 27 日，首届中国北京国际语言文化博览会新闻发布会在北京召开。国家语委、北京市语委、北京市贸促会、中国翻译协会等机构的负责人以及参展机构代表参加会议。会议由北京市语委办主任贺宏志主持，市教委、市语委副主任李奕介绍语博会的基本情况。

首届语博会将于 2017 年 9 月 11 ～ 13 日在北京举办，属于第 12 届中国（北京）国际文化创意产业博览会的一部分。语博会由国家语委支持，北京市语委、北京市贸促会、孔子学院总部、中国翻译协会承办，北京语言文字工作协会具体运营。语博会主展场设于中国国际展览中心，将通过展览展示、创意活动、论坛峰会和产品推介等方式，集聚国内外语言文化的前沿思想和理念、高端技术和产品，搭建中外语言文化信息交流、企业宣传、产品推广和项目合作的重要平台。以"语言科技与人类福祉"为主题的国际语言文化论坛设于北京外国语大学。语博会的举办将有助于促进语言文化的国际交流，传播弘扬中华文化，繁荣发展语言文化，并填补世界华语区语言主题博览会的空白。

贺宏志向与会代表介绍了语博会徽标。徽标整体外形与天坛相似，代表"北京"；下半部分包含形似"语"字的设计，代表"语言"。其中，飘带和钥匙的设计表示语言是桥梁、纽带，是了解一个国家最好的钥匙。徽标整体形象象征了语言文化的多样性和交流的平等性。

　　据了解，发布会上，语博会中英文版官网正式开通，首届语博会组委会与参展机构中译语通达成共识，签订了战略合作框架协议。

　　（《语言文字报》2017 年 7 月 5 日第 1 版；"语言产业研究"公众号 2017 年 6 月 28 日转发中国社会科学网报道，有改动）

首个冬奥会语言服务研究项目开题

　　7月7日，我国首个以冬奥会语言服务为主题的研究项目"2022年冬奥会语言服务研究"在首都师范大学文学院举行开题报告会。北京语言大学校长刘利教授、北京师范大学北京语言文化建设研究中心主任张维佳教授等评审专家组成员出席会议。北京市语委办主任贺宏志博士代表课题委托方，同时作为评审专家组成员出席开题报告会。

　　"2022年冬奥会语言服务研究"为北京市教委、市语委2017年度委托课题，由北京语言产业研究中心承担。首都师范大学文学院副院长洪波教授担任课题负责人，他向评审专家组介绍了课题的研究背景、研究思路、研究框架和团队分工情况。该研究由总论和包括三个分主题研究在内的分论组成，总论部分围绕2022年冬奥会的语言消费主体及需求、相应的语言服务供给主体等内容，从学理层面进行分析探讨；分论部分包括"面向2022年冬奥会的语言服务能力建设现状及提升策略研究""2022年冬奥会主办城市之间的协调联动机制建构与具体实施策略""2022年冬奥会的语言服务对于推进'一带一路'民心相通的重要意义及其实现策略"等三个分主题。评审专家组组长刘利教授希望课题组明确主要任务，按时高质地完成咨政报告，为相关部门提供有价值的对策。

　　据了解，与2008年北京奥运会相比，2022年冬奥会有一些新的特点，如主办城市增加、冬季奥运会与夏季奥运会在项目上有差异等，这为相应的语言服务提出了新的要求。此外，我国新的国家发展战略的提出、语言服务新技术的运用等，也使语言服务需求、语言服务方式等产生了一些新的变化。该课题研究正是在这样的背景下展开的。

（《语言文字报》2017年7月14日第1版；"语言产业研究"公众号2017年7月9日，有改动）

推动语言"产研"结合　服务国家语言战略

8月21日，第三届中国语言产业论坛在内蒙古大学举办，与会的专家学者和业界代表围绕"'一带一路'建设中的语言产业"这一主题进行了大会主题报告、平行会场报告以及互动讨论，在有限的会议时间内，紧张、高效地完成了既定的论坛议程，达到了"推动语言产业研究，服务国家语言战略"的会议目标。

此次论坛以北京市语言文字工作委员会为支持单位，由首都师范大学北京语言产业研究中心、北京师范大学北京语言文化建设研究中心主办，内蒙古大学国际教育学院、蒙古学学院承办，也是"中国语言产业论坛"首次在京外举办。

在论坛开幕式上，内蒙古大学副校长额尔很巴雅尔教授、北京市语委办主任贺宏志博士先后致辞。

贺宏志主任在致辞中指出，国民语言能力、国家语言实力是提升我国文化软实力的基础，语言产业学界和业界的辛勤工作也是在为提升国家文化软实力做出自己的努力。此次论坛为语言产业学界和业界提供了良好的交流平台，希望大家能够不断拿出更好的成果，推动语言产业更快、更好地发展。他还介绍了将于今年9月11日在北京举办的首届"中国北京国际语言文化博览会"的筹备情况，对语言产业的未来发展进行了展望。

在大会主题报告环节，6位学界、业界代表发表了报告：内蒙古大学确精扎布教授的《蒙古文信息处理概况》；科大讯飞教育事业群汪张龙副总裁的《人工智能、语言智能与语言产业》；广西民族大学卞成林教授的《普通话推广、精准扶贫与县域经济发展：语言经济学视角》；武汉大学赵世举教授的《语言经济学的维度及视角》；中译语通张晓丹副总裁的《人工智能与大数据时代的语言产业》；鲁东大学亢世勇教授的《关于山东省发展语言产业的思考》。20 位学者在平行会场发表了报告，北京师范大学王立军教授、上海市教科院张日培副研究员、内蒙古师范大学青格乐图教授、北京语言大学高立群教授、首都师范大学洪波教授、上海外国语大学沈骑教授主持了平行会场报告并在闭幕式上总结了四组发言与交流情况。

在闭幕式上，北京语言产业研究中心主任李艳表示，围绕语言产业的发展，有许多亟待研究的新问题，国家语言文字事业中长期发展规划也对语言产业、语言服务研究提出了新的要求。期待更多学者、业界代表参加到语言产业研究的队伍中，推动这一领域的研究不断深入。

（"语言产业研究"公众号 2017 年 8 月 25 日）

首届中国北京国际语言文化博览会落幕

首届中国北京国际语言文化博览会日前在北京落下帷幕。

此次语博会主题为"语言，让世界更和谐，文明更精彩"，包括展览和论坛两大部分。展览部分包括成就展、企业展示和展演互动区等内容。其中，成就展以"语言铺路 文化架桥"为主题，下设"书同文 语同音 人同心""信息科技 智慧语言""一带一路 语言铺路""留下乡音 记住乡情"4个板块，体现我国自党的十八大以来，尤其是"十三五"期间的语言文化建设成就，献礼党的十九大。企业展区汇集了中译语通、科大讯飞等多家企业，充分展示我国语言科技文化企业成就。展演互动区汇聚中外语言类文化精品节目，如女书、水书、孟加拉海娜手绘互动、中国戏曲联唱等，凸显"一带一路"主题，全面展示文明互鉴盛景。

国际语言文化论坛以"语言科技与人类福祉"为主题，9月12日在北京外国语大学举行。教育部语用司、语信司司长田立新主持主论坛开幕式，教育部副部长、国家语委主任杜占元，北京市副市长、北京市语委主任王宁发表致辞；9位中外代表作主旨报告，他们是：德国曼海姆大学国家语言研究所所长路德维格·艾辛格教授的《数字世界中的语言学》，中译语通科技股份有限公司于洋总经理的《人工智能时代的语言科技创新》，中国社会科学院民族学与人类学研究所周庆生研究员的《"一带一路"中的语言》，美国俄亥俄州立大学吴伟克教授的《用外语构建意义》，科大讯飞教育事业群王卓副总裁的《人工智能助力语言产业发展》，英国双语词典专家吴莎娜女士的《中国品牌辞书的海外传播》，北京大学陆俭明教授的《以科研引航是高质量辞书的根本保证》，美国西北大学辛西娅·汤普森教授的《失语症与老龄化》，北京语言大学高立群教授的《语言健康与健康中国》。另设四个分论坛，分别聚焦语言政策与语言教育、语言智能与产业发展、工具书与文化传承、语言康复与人类健康等主题。近 20 个国家的 300 余名专家学者参与交流研讨。

主流媒体聚焦报道了首届语博会，有 CCTV、BTV、CETV 多个频道的播报，有人民日报社和新华社的发稿，有各主要门户网站的推送。北京市语委办主任贺宏志对首届语博会的成功举办做出简要的总结：填补了世界华语文化圈语言文化主题博览会的空白；实现了我们许多语言文化工作者打造国际语言文化综合盛会的夙愿；较大程度地提高了语言文字工作部门的社会认知度和工作影响力；在全社会推广了语言文化建设，语言产业的概念、理念和意识；将推动语言产业自觉发展、聚合发展和语言科技产业园区的建立；将促进语言文化建设、语言产业、语言服务相关应用学科的建立与发展；将有利于加强语言类非物质文化遗产的保护传承和语言资源的开发利用；将有利于加强国家语言能力建设和语言文化知识的社会普及；构建了中外语言文化交流互鉴的新平台、大格局。

（《语言文字报》2017 年 9 月 15 日第 1 版；"语言产业研究"公众号 2017 年 9 月 14 日，有改动）

国内首个语言文化数字博物馆即将上线

近日，"北京语言文化数字博物馆"项目建设通过专家鉴定，我国第一个语言文化数字博物馆将于近期正式通过北京语言文字网上线，成为全社会共享的公共文化资源。

鉴定会上，由教育部语言文字应用研究所、北京语言大学、首都师范大学、北京印刷学院的五位专家组成的鉴定组对项目成果进行了评议，认为该项目具有重大的文化价值和现实意义，达到立项预定的目标。专家们一致认为，该数字博物馆的研发，在对 260 余所各领域在线数字博物馆充分调研的基础上，针对不同层次用户的多方面需求，采用分类展示与虚拟现实相结合的展现形式，将多模态的语言文化资源与观众的网上查询和阅览习惯有机结合起来，很好地体现了展示性、趣味性、易读性和自适应性等特点。专家还提出了加强"老北京"元素的体现，站在引领全国同领域发展的高度进一步丰富资源、完善功能，从市民参与互动的角度拓展语言文化资源的渠道等建议。

据了解，"北京语言文化数字博物馆"项目是北京市语委重大项目，于 2012 年 5 月启动，历时 5 年完成。该博物馆是国内第一个面向语言文化研发的开放式数字博物馆，内容涉及北京方言、北京口传文化、北京话土语图典、北京话诗文吟诵、北京地名文化、北京名园楹联匾额、北京三山五园御制诗、北京话研究历史文献等语言文化资源。

（《语言文字报》2018 年 2 月 7 日第 1 版，"语言产业研究"
公众号 2017 年 12 月 20 日）

国内首个语言产业研究院成立

　　日前，首都师范大学中国语言产业研究院成立仪式暨学术委员会第一次会议在北京举行。教育部语用司、语信司司长田立新参加成立仪式并讲话。

　　田立新在讲话中充分肯定了中国语言产业研究院的前身——北京语言产业研究中心在过去 8 年中取得的成绩，并对中国语言产业研究院的发展提出了殷切期望。她表示，中国语言产业研究院的成立恰逢其时，可以用三个"良好"来表达。第一是良好的机遇。党中央、国务院高度重视语言文字事业的发展。国家语委明确要从大语言文字工作的格局思考问题。中国语言产业研究院应把握机遇，在大语言文字工作格局中把握定位。第二是良好的基础。北京语言产业研究中心是北京市语委建立的首个研究基地，在语言文化建设领域开展了大量开创性、奠基性、引领性的工作，为未来更好地发展奠定了坚实基础。第三是良好的前景。近年来，国家语委通过科研项目立项、专项工作支持、专家团队协作培养的方式，不断强化对地方语言文字工作的支持、服务和引导。目前，很多培育项目已陆续开花结果。下一步，国家语委将对各地语委的研究机构建设和创新性工作继续大力支持，为服务地方经济、社会发展共同努力。

　　据了解，2010 年 9 月，北京市语委建立了北京语言产业研究中心。作为国内首个专门致力于语言产业研究的学术机构，该中心成立 8 年来，在推动"产研"结合及服务国家语言文化建设方面发挥了很好的作用，已经形成了相当的品牌影响力和社会关注度。为巩固现有业绩，并着眼于事业发展壮大，经首都师范大学报请北京市语委批准，在国家语委的支持下，成立"中国语言产业研究院"。成立仪式当天产生了中国语言产业研究院学术委员会，并举行了第一次会议。

（《语言文字报》2018 年 5 月 9 日第 1 版，"语言产业研究"公众号 2018 年 5 月 1 日）

第二届中国北京国际语言文化博览会
开始筹备

日前,第二届中国北京国际语言文化博览会(以下简称"语博会")筹备工作会在首都师范大学实验楼报告厅举行。

会上,中国语言产业研究院院长贺宏志简要介绍了第二届语博会的筹办背景和策划方案。第二届语博会将于 2018 年 10 月 25 日至 28 日在中国国际展览中心举行,并融入第 13 届中国(北京)文化产业博览会中。此届语博会主题为"语言:让世界更和谐、文明更精彩",包括展会和论坛两大板块。其中的国际语言文化论坛主题为"语言服务与人类生活",包括"一带一路"建设中的语言服务系列论坛、人工智能时代的语言科技论坛、第二届中国语言康复论坛。教育部语言文字信息管理司副司长刘宏在讲话中表示,今年语博会的举办恰逢改革开放 40 周年、落实十九大精神的开局之年,要统筹各方布局,稳中求进,贯彻"不同以往、稳步提升、突出主题、展出特色"的原则。刘宏对此提出了四点具体要求:第一,提高政治站位和增强大局意识,以习近平新时代中国特色社会主义思想为指导,贯彻全国语言文字工作会议精神,推进各项工作;第二,加强组织领导,明确工作职责,成立筹备工作领导小组;第三,创新方式方法,在形式、内容上更加丰富多样;第四,靠前推进,做好预案。与会各单位代表相继发表了意见与建议。

据了解,国家语委、中国联合国教科文组织全国委员会将作为第二届语博会的支持单位。活动承办单位包括北京市语委、北京市贸促会、孔子学院总部、北京语言大学、首都师范大学、中国翻译协会，具体运营单位为北京语言文字工作协会。

（《语言文字报》2018 年 5 月 23 日第 1 版；"语言产业研究"公众号 2018 年 5 月 18 日，有改动）

第二届中国北京国际语言文化博览会
新闻发布会举行

    日前,第二届中国北京国际语言文化博览会(以下简称"语博会")新闻发布会在北京举行。

    去年 9 月,首届语博会成功举办,赢得了各级领导、参与各方和社会舆论的普遍赞誉。据相关负责人介绍,第二届语博会将继续融入中国(北京)国际文化创意产业博览会,由国家语委、中国联合国教科文组织全国委员会支持,北京市语委、中国国际贸易促进委员会北京市分会等单位承办。语博会将于 2018 年 10 月 25 日至 28 日在北京举办,展场设于中国国际展览中心,同期还将举办以"语言服务与人类生活"为主题的国际语言文化论坛,以及"一带一路"建设中的语言服务系列论坛、人工智能时代的语言科技论坛、第二届中国语言康复论坛、北京语言文化学校联盟校长论坛。此届语博会将通过展览展示、创意活动、论坛峰会和产品推介等,集聚国内外语言文化的前沿思想和理念、高端技术和产品,搭建中外语言文化信息交流、企业宣传、产品推广和项目合作的重要平台。

    据了解,此次新闻发布会由语博会筹备工作领导小组副组长、中国语言产业研究院院长贺宏志主持。教育部语言文字信息管理司副司长刘宏,北京市教委、市语委副主任李奕,中国国际贸易促进委员会北京市分会副主任马长军,参展机构代表以及新闻媒体代表参加了发布会。

（《语言文字报》2018 年 8 月 3 日第 1 版；"语言产业研究"公众号 2018 年 8 月 1 日转发中国社会科学网报道，有改动）

第四届中国语言产业论坛举行

近日，第四届中国语言产业论坛暨第六届汉语辞书高层论坛在鲁东大学举行，来自北京大学、复旦大学、武汉大学、香港城市大学、东吴大学、美国斯坦福大学等海内外高校以及中国社会科学院、教育部语言文字应用研究所等科研机构的专家、学者，以及科大讯飞、中译语通、声望听力等企业的代表等80余人参加论坛。

此次论坛为期3天。论坛开幕式上，鲁东大学副校长亢世勇教授、中国语言产业研究院院长贺宏志研究员先后致辞。开幕式上举行了《语言产业研究（创刊号）》首发式。《语言产业研究》由中国语言产业研究院主办，旨在通过集纳对语言产业的多视角、全方位研究，推动语言"产研"结合，服务国家语言战略，目前采用每年一本的形式发布。在论坛的主旨报告环节，北京语言大学教授李宇明、中国社会科学院副编审李志江、香港城市大学教授刘美君、东吴大学副教授曾泰元、美国斯坦福大学教授孙朝奋等17位专家、学者，围绕"语言服务与人类生活"这一主题作主旨报告。在平行会场论坛环节，36位学者围绕"语言扶贫""语言产业学科建设""特殊人群的语言规划与语言服务""侨乡'洋留守儿童'语言生活反差现象的思考"等议题展开交流。

据了解，此次论坛以北京市语委为支持单位，由首都师范大学中国语言产业研究院、国家语委汉语辞书研究中心主办，鲁东大学文学院承办。会议确定，2019 年第五届中国语言产业论坛由科大讯飞承办，这是此论坛首次由语言企业承办。

（《语言文字报》2018 年 9 月 21 日第 1 版；"语言产业研究"公众号 2018 年 8 月 25 日，有改动）

第二届中国北京国际语言文化博览会举办

10月25日至28日，第二届中国北京国际语言文化博览会（以下简称"语博会"）在北京中国国际展览中心（老馆）举办。

本届语博会以习近平总书记重要讲话和全国教育大会精神为指导，以"语言让世界更和谐，文明更精彩"为主题，是第13届中国北京国际文化创意产业博览会的重要组成部分。本届语博会展览分为成就展区、企业展区和中小学展区。成就展区集中展现了改革开放40年来中国语言文字事业取得的突出成就，企业展区汇集了科大讯飞、声望听力等十余家企业和语言文化机构在语言科技、科学研究、图书出版等方面的最新成果，中小学展区展示了北京市中小学的语言文化建设成果。

语文出版社亮相企业展区，展示了优质图书和数字语文产品。观展者可以看到语文出版社近年来推出的优质语言文字出版物，其中既有国家语言文字政策法规、规范标准，也有对政策标准的解读类图书；既有学术研究专著，也有语言文字名家名作；既有语文工具书，也有书法类教材教辅。其中，今年6月面世的《普通话1000句》为重点展品。此外，观展者可以现场体验语文出版社推出的"故事树""爱诗词""数字语文视频站"等语文类数字产品。展位上还准备了笔墨纸砚，供观展者提笔写字，体验书法。

据悉，本届语博会由国家语委、中国联合国教科文组织全国委员会支持，北京市语委、中国国际贸易促进委员会北京市分会、孔子学院总部、北京语言大学等单位承办。语博会期间还举办了以"语言服务与人类生活"为主题的国际语言文化论坛，并设立系列分论坛，包括"一带一路"语言文化高峰论坛、"一带一路"语言文化共兴发展论坛和第二届中国语言康复论坛。

（《语言文字报》2018 年 10 月 31 日第 1 版；"语言产业研究"公众号 2018 年 10 月 31 日，有改动）

加强交流合作 促进文化互鉴
"语言服务与人类生活" 国际语言文化论坛举办

10月26日，第二届中国北京国际语言文化博览会（以下简称"语博会"）"语言服务与人类生活"国际语言文化论坛在京举办。

教育部原副部长、国家总督学、中国教育国际交流协会会长刘利民，北京市副市长、北京市语委主任王宁，联合国教科文组织世界遗产中心非洲部主任爱德蒙·木卡拉，佛得角共和国驻华大使塔尼亚·罗穆阿尔多出席论坛开幕式并致辞。白俄罗斯、佛得角、伊朗、乌拉圭等国驻华使馆代表以及200余名中外专家学者参加了开幕式。

刘利民指出，改革开放40年来，中国语言文字事业进行了许多开创性工作，取得了全方位的历史性成就。语言服务在推动改革开放进程、促进经济社会发展和人民生活水平提高方面做出了重要贡献。

刘利民强调，今年9月召开的全国教育大会，充分体现了以习近平同志为核心的党中央对教育工作的高度重视，凸显了教育在党和国家事业中的基础性、先导性、全局性地位。面对新形势新要求新任务，教育部、国家语委将立足"两个一百年"奋斗目标、构建人类命运共同体等国内和国际形势的大视野，树立高站位、全覆盖、广动员、深合作的语言文字新格局，加快推进语言文字事业发展，大幅提升国家语言能力，更好地服务国家经济社会发展。

刘利民表示，语博会搭建了中外语言文化交流互鉴的重要平台，契合"一带一路"建设、构建人类命运共同体的愿景。他希望各国加强交流合作,推进文明互鉴;科学保护语言资源,合理利用语言资源;进一步推动语言与科技的融合,提升语言服务能力。

王宁表示,语博会不仅对北京的城市语言文化建设、语言文字事业繁荣和语言产业发展具有重大而深远的意义,还有利于深化"一带一路"各国人文交流,促进中外语言文化互鉴,提升国家软实力,促进世界各国民心相通。

在交流环节,4位中外学者和企业界人士在论坛上作主旨发言,6位专家就"人工智能时代的语言科技"话题展开深度对话。

语博会期间,第二届"一带一路"语言文化高峰论坛、"一带一路"语言文化共兴发展论坛、第二届中国语言康复论坛等系列论坛相继举办,来自30余个国家的600余名专家学者和企业界人士参与交流研讨。相关单位还进行了官方会谈,签署合作备忘录,成立联盟机构。

据了解,"语言服务与人类生活"国际语言文化论坛是第二届中国北京国际语言文化博览会的重要组成部分。该论坛由国家语委主办,科大讯飞股份有限公司、北京市语委承办,北京语言大学、同济大学、声望听力连锁服务机构、中国语言产业研究院协办。

(《语言文字报》2018年11月2日第1版;"语言产业研究"公众号2018年10月31日,有改动)

用孩子喜欢的方式传承语言文化

第二届中国北京国际语言文化博览会（以下简称"语博会"）中，最热闹、最吸引人的地方，是北京市中小学语言文化展区。

北京市东城区语委的展位四周站满了人，远远看去，好像是小孩子在和大人们打牌、下棋。记者好不容易挤了进去，才看清他们拿的不是普通的棋牌，而是东城区安外三条小学的师生们"特制"的语言文字益智游戏，包括"成语大富翁""语言文化扑克牌"等。孩子们为观展者认真讲解游戏规则，不少成年人兴致勃勃地坐下来体验。

一走出"语言文字棋牌馆"，记者的目光又被隔壁史家小学分校展位上的马勺、团扇彩绘，以及《红楼梦》主题诗词剪纸吸引。见记者驻足，一个穿着史家小学分校校服的小姑娘迎上来，开始介绍这些语言文字艺术作品。她说，这些展品都是学校的老师带着同学们一起制作的。学校开展了"品经典名著，展语言魅力"的主题活动，邀请非物质遗产传承人到校讲学。"我最喜欢画团扇，把喜欢的诗词配上图画在扇子上，拿着它感觉像个小淑女。"

北京市中小学语言文化展是第二届语博会的专题展区之一，旨在展示北京市各区县在基础教育领域的语言文化建设成就，促进中华语言文化传承发展。流连其间，龙飞凤舞的书法、小巧精致的诗词鼻烟壶、古朴可爱的家训葫芦、精雕细刻的印章，无一不吸引着观展者的目光。更吸引人的是展位上的孩子们那一张张元气满满的小脸，和他们自信流畅的表达。一位观展者边拍照边感叹："现在的孩子懂得真不少！"

令人惊喜的成果背后，是学校对于中华优秀语言文化传承的重视。语言文字是中华优秀传统文化的载体和重要组成部分，传承传播中华优秀语言文化是国家语言文字事业的重要任务。青少年在语言文化传承中扮演着重要角色。教育部、国家语委 2017 年 1 月出台的《关于进一步加强学校语言文字工作的意见》明确指出："学校是语言文字工作的基础阵地。""学校师生是传承弘扬中华优秀传统文化、革命文化和社会主义先进文化的重要力量。"不久前由教育部、国家语委印发的《中华经典诵读工程实施方案》也提出了"到 2025 年，使社会大众尤其是青少年更加热爱中华经典，……具有较强的国家通用语言文字规范意识和自觉传承弘扬中华优秀传统文化的意识"的要求。由此可见，语言文化传承，要从青少年抓起。

如何让当代青少年理解、喜爱从而自觉传承自己祖国的语言文化？第二届语博会给了我们一个明确的答案：采用孩子们喜欢的形式。在这方面，教育部、国家语委做了很多有益的尝试，比如与中央电视台联合举办《中国汉字听写大会》《中国成语大会》《中国诗词大会》等，这些节目形式新颖，内容活泼，数次掀起收视热潮。在本届语博会上，我们也看到了各地语委和教育部门的努力。此外，还有很多社会机构、企业也参与其中，比如浙江省宁波市华文汉字应用研究院研制出中国汉字棋，囊括 2880 个常用汉字，孩子们边下棋边学汉字；又如江苏省语委和南京艺术学院等单位共同举办海峡两岸与港澳大学生汉字创意设计项目成果展示，鼓励祖国的年轻人发挥聪明才智，赋予汉字文化新的生命力……

"中小学生是青少年的主体，是国家的未来和希望。"培养青少年自觉传承弘扬中华优秀语言文化，不是一句简单的口号，而需要语言文字、语文教育工作者树立正确的理念，运用正确的形式，予以引领推动。语博会上孩子们真诚的笑脸，让我们有理由相信：中华优秀语言文化正不断焕发新的生命力，熠熠生辉，代代相传。

（《语言文字报》2018 年 10 月 31 日第 1 版）

《北京语言生活状况报告（2018）》

李艳、贺宏志主编

商务印书馆 2018 年 10 月第 1 版

《北京语言生活状况报告（2018）》壮大了"语言生活绿皮书"的阵容，丰富了《中国语言生活状况报告》的内涵。全书共四部分：包括《北京语博会助力国际语言文化交流》等在内的特稿篇；涉及地铁、银行、语言科技产业等领域语言生活的行业篇；涉及小学生、高校社区、留学生等语言生活状况的教育篇；涉及政务媒体、时尚杂志等领域语言生活状况调查报告的媒体篇。

（《语言文字报》2018 年 12 月 14 日第 4 版）

第三届语博会启动会召开

近日，第三届中国北京国际语言文化博览会（以下简称"语博会"）启动会在北京市教委召开，教育部语言文字信息管理司副司长刘宏，北京市教委巡视员、北京市语委副主任王定东参加启动会。天津市语委办、河北省语委办、北京语言大学、首都师范大学等单位负责人近50人参会。

刘宏对办好第三届语博会提出了四点要求：一是围绕主题，进一步突出特色、重点。围绕"语言：让世界更和谐，文明更精彩"主题，展出特色，论出水平。二是加强领导，进一步密切分工合作。加强统筹协调，明确分工职责，有序推进落实。三是把握规律，进一步创新方式方法。积极探索语言文字工作规律和办好展会的规律，在出新、做实、出彩上下功夫。四是着眼未来，进一步打造精品展会。立足"大语言文字工作"思路，用3～5年时间，将语博会做大做强，在国际语言文字展会领域形成品牌。王定东要求相关单位提高站位，深化认识；积极作为，勇于创新；广泛发动，克服困难，共同做好第三届语博会的筹备工作。首都师范大学中国语言产业研究院负责人介绍了第三届语博会筹备情况；北京语言大学孔子学院事业部等单位负责同志介绍了参与前两届语博会情况，并对第三届语博会工作提出期望。

据了解，第三届语博会将融入第22届科博会，于2019年10月

24 日至 27 日在京举行，分为展览和论坛两部分。论坛部分包括由国家语委主办的主论坛"语言智能与语言多样性"国际语言文化论坛，以及第三届"一带一路"语言文化高峰论坛等系列论坛。

（《语言文字报》2019 年 7 月 3 日第 1 版；"语言产业研究"公众号 2019 年 6 月 11 日，有改动）

"一书两刊"助力北京冬奥语言服务

　　为营造东奥氛围，普及冬奥知识，北京语言文字工作协会近日联合北京十几家冰场，将"北京冬奥会语言服务行动计划"书架及"一书二刊"（《冬奥会：体育·语言·文化》《英语世界（东奥特刊）》和《汉语世界（东奥特刊）》）摆放在各冰场，助力冬奥会语言服务。

　　为贯彻落实习近平总书记提出的"着眼于办成一届精彩、非凡、卓越的奥运盛会"重要指示精神，服务国家发展需求，助力北京冬奥会语言服务，教育部、国家语委与北京冬奥组委联合启动"北京冬奥会语言服务行动计划"。该行动计划将"冬奥会语言服务'一书两刊'"列为重点项目。"一书"是北京市民冬奥文化培训读本《冬奥会：体育·语言·文化》，列入"北京市民语言文化大讲堂丛书"。"两刊"分别为《英语世界·冬奥特刊》和《汉语世界·冬奥特刊》。"一书两刊"各有侧重、内容丰富，围绕"冬奥文化""语言服务"主题，为中国读者梳理冬奥会的起源与发展、项目介绍及项目名称汉英对照词表、中国冬奥会之旅、2022年北京冬奥会及冬残奥会场馆、冬奥会语言服务及常用语中英文对照等；为外国朋友提供了奥运汉语、冬奥珍贵历史盘点、冬奥会项目一览以及场馆、美食等方面的知识。北京语言文字工作协会在华星国际冰上运动中心（黄港店、西三旗店、阜石路店、沙河店、博大路店）、五彩冰酷运动中心、浩泰冰上中心等冰场摆放了"北京冬奥会语言服务行动计划"书架和"一书两刊",供市民随时翻阅,详细了解奥运相关知识。

据悉,北京语言文字工作协会将与各界力量齐心协力、携手共建,为北京冬奥会的成功举办创造良好的语言环境、提供优质的语言服务,彰显中国语言文化魅力,为把北京冬奥会办成一届精彩、非凡、卓越的奥运盛会做出贡献。

(《语言文字报》2019 年 7 月 10 日第 1 版;"语言产业研究"公众号 2018 年 9 月 3 日,有改动)

中国语言产业研究院协办南国书香节珠海活动，助力粤港澳大湾区语言文化建设

2019年8月16日至18日，由广东省委宣传部指导、珠海市委宣传部主办、珠海传媒集团承办的2019南国书香节珠海活动在珠海海韵城广场成功举办。

本届书香节开展以"悦读·为祖国喝彩"为主题的一系列展览和活动，打造深受群众喜爱的文化嘉年华，培育涵养崇文重文的城市文化。

中国语言产业研究院受邀组织"语言文化与科技"展览展示板块，为珠海市民带来一场语言文化与科技盛宴。参与单位有：科大讯飞、商务印书馆、人民教育出版社、语文出版社、中国语文现代化学会、声望听力、光明日报出版社《教育家》杂志、全球说、天威飞马3D打印、智慧培森中国故事、中自汇河、宁波华文汉字棋、华文众合书法系统、国学时代、爱迪科森朗读亭、亚马逊电子书、北京语言文字工作协会等。中国语言产业研究院和北京语言文字工作协会还就第三届语博会、语言产业学科和北京冬奥会语言服务作了重点推介，并在珠海设立了粤港澳大湾区联络办公室，为未来开展更多合作奠定沟通基础。开幕式上，语文出版社副总编王翠叶、中国语文现代化学会会长靳光瑾、中国语言产业研究院院长贺宏志会同珠海市委常委、宣传部部长龙广艳一起开启此次活动的序幕。

贺宏志院长在接受珠海市电视台采访时表示："这次展览，业

态非常丰富，主要集中在语言文化与科技主题上，语言产业的九大业态包括语言翻译、语言出版发行和版权贸易、语言测试、语言艺术、语言文字信息处理、语言培训、语言创意、语言康复、语言会展等。这些业态在这次活动中有近 20 家企业和机构参与。南国书香节对于粤港澳大湾区的建设，对于建设全民阅读社会这样一个愿景来说都是非常有意义的，对于珠海市的语言文化建设，会起到重要的作用。"

实际三个半天的展览，一万余市民观展。"语言文化与科技展"板块内容多样，而且富于互动体验，广受欢迎。参展单位广告宣传效应显著，部分企业获得了现场交易额。北京语言文字工作协会向观展市民赠送了北京冬奥会语言服务知识读本《冬奥会：体育·语言·文化》《英语世界（冬奥特刊）》《汉语世界（冬奥特刊）》、功德汉字汉语学习读本和软件、全球说网上学习卡以及国家通用语言文字推广普及宣传品。

（"语言产业研究"公众号 2019 年 9 月 9 日；《语言文字报》2019 年 8 月 21 日第 1 版；《珠海特区报》2019 年 7 月 26 日第 12 版，均有改动）

第五届中国语言产业论坛
暨第四届语言服务高级论坛成功举办

2019 年 10 月 24 日，第三届中国北京国际语言文化博览会开幕首日，"第五届中国语言产业论坛暨第四届语言服务论坛"在首都师范大学校本部实验楼报告厅举行。为推动语言产业和语言服务研究的进一步深化，"第五届中国语言产业论坛""第四届语言服务论坛"双坛合璧，围绕语言产业、语言服务问题展开讨论。中国语言产业研究院院长贺宏志研究员主持开幕式。广州大学党委书记、语言服务研究中心主任屈哨兵教授，首都师范大学文学院院长马自力教授先后致辞。

11 位专家发表了主旨报告：北京语言大学李宇明教授的《粤港澳大湾区语言产业与服务问题刍议》，广州大学屈哨兵教授的《粤港澳大湾区建设中的语言问题》，广西民族大学卞成林教授的《语言消费视域下东盟国家语言产业发展研究》，武汉大学赵世举教授的《语言资本的"市场"路径》，澳门理工学院周荐教授的《粤港澳大湾区发展建设中的文化使命》，科大讯飞教育事业群汪张龙副总裁的《人工智能技术在语言教学与测试中的深度应用》，北京语言大学吴应辉教授的《世界汉语需求与汉语教育产业的机遇与挑战》，上海外国语大学赵蓉晖教授的《语言服务在多语社会治理中的地位与作用》，上海市教育科学研究院张日培副研究员的《城市语言生活及其治理》，北京赛酷雅科技有限公司教研中心杨阳副总裁的《"互联网+"创新科技开启在线中文教育服务新模式》，对外经济贸易大学崔启亮副教授的《数字化与团队化的应用型语言服务人才培养之道》。13 位中青年学者参与了"语言资源保护开发与产业化发展"和"区域语言服务"两场专题对话。

中国语言产业研究院执行院长李艳教授主持闭幕式。屈哨兵教授以"一气呵成""双管齐下""三段衔接""四方默契""五方来风""六六大顺"对全天论坛做了全面而精彩的总结。

中国语言产业研究院主办的学术辑刊《语言产业研究（2019 年卷）》在本次论坛上首发。

（"语言产业研究"公众号 2019 年 10 月 27 日，有改动）

第三届中国北京国际语言文化博览会主论坛——"语言智能与语言多样性"国际语言文化论坛圆满举办

10 月 25 日，第三届中国北京国际语言文化博览会的主论坛——"语言智能与语言多样性"国际语言文化论坛在京举行。论坛由国家语委支持、北京市语委主办、首都师范大学承办。教育部副部长、国家语委主任、中国联合国教科文组织全国委员会主任、第 44 届世界遗产委员会主席田学军发表致辞。他指出，今年是中华人民共和国成立 70 周年，在这一背景下举办第三届中国北京国际语言文化博览会，具有更加特殊重要的意义。语言文化的交流有助于增进友谊，沟通情感，构筑文明的精神家园。他希望与会各方在以下三个方面共同努力：第一，加强交流合作，推动文明互鉴；第二，进一步推动语言与科技的融合；第三，科学保护语言资源；第四，进一步重视语言能力建设。立陶宛驻华大使馆参赞维利斯·萨穆伊拉先生在致辞中强调了语言文化博览会以及论坛的重要性，肯定了语博会和论坛在文化交流中的作用，并预祝本届语博会圆满成功。

首都师范大学校长孟繁华教授代表主论坛承办单位对与会的各位领导嘉宾表示欢迎和感谢。他指出，依托首都师范大学的中国语言产业研究院是在国家语委、北京市语委支持下成立的国内第一个专门进行语言产业研究的学术机构。近十年来，在语言产业、语言文化建设研究等领域取得了一系列具有开创性的成果。首师大文学院作为第三届语博会的参展单位，首次亮相，他邀请与会嘉宾莅临展位参观指导。

英国约克大学语言学系保罗·柯斯威尔教授、科大讯飞刘庆峰董事长、加拿大蒙特利尔大学安娜·伊内斯·安萨尔多教授、澳门大学人文学院徐杰教授分别以"欧洲和中国的移民与语言""人工智能：助力语言沟通无障碍""人衰老过程中的语言文化及交际""单语、多语和语言的功能"为题发表了主旨报告。由中国语言产业研究院执行院长、首都师范大学文学院李艳教授主持专家对话环节，英国谢菲尔德大学孔子学院英方院长赵霞女士，东英吉利大学政治、哲学、语言与传播学院名誉教授克里斯·辛哈先生，匈牙利大使馆文化教育专员 Adam Daniel Breuer-Zehevi 博士，科大讯飞教育事业群副总裁汪张龙先生，武汉大学赵世举教授，南京大学徐大明教授等 6 位专家围绕"语言智能与语言多样性"主题阐述了自己的观点。

教育部相关司局和直属单位负责人、国家语委科研机构负责人、语言产业暨语言服务论坛与会代表、全球中文学习平台上线发布仪式与会代表、首都师范大学师生代表、首都新闻媒体记者 230 余人参加本届语博会主论坛。

（"语言产业研究"公众号 2019 年 10 月 27 日，有改动）

全球中文学习平台正式上线

第三届中国北京国际语言文化博览会期间，全球中文学习平台上线发布仪式在京举行。教育部副部长、国家语委主任田学军，北京市人民政府副秘书长韩耕，人民教育出版社社长黄强，科大讯飞董事长刘庆峰共同启动平台，200多位中外嘉宾见证了全球中文学习平台（www.chinese-learning.cn）的正式上线。

发布仪式由教育部语言文字信息管理司司长田立新主持。科大讯飞股份有限公司轮值总裁吴晓如、黄强致辞。据介绍，全球中文学习平台充分利用人工智能和互联网等先进技术手段，针对不同年龄、地域的学习者，包括非母语学习群体，提供中文学习的个性化学习资源和工具，具有智能化和个性化、公益性和开放性相结合的特点。该平台设置了普通话测试、译学中文等特色模块。如在译学中文模块，海外学习者可以通过语音或文本输入其母语内容，系统实时翻译出中文并自动分句；学习者学习每个语句的标准音并录音跟读，系统会实时反馈评价，指出发音问题；可以反复学习错误字词，直到掌握正确中文发音。为保障该平台的可持续发展，逐步形成资源共建、成果共享的开放式建设模式，在相关高校、科研院所、企事业单位、地方教育部门，以及其他致力于服务中文学习各方的共同响应下，全球中文学习联盟于10月24日正式成立。首批发起单位共21家，人民教育出版社任第一届理事长单位，科大讯飞股份有限公司任秘书长单位，语文出版社等任理事单位。

据了解，全球中文学习平台汇聚各类中文学习资源，以更好地为广大中文学习者提供优质服务为宗旨，于 2016 年底启动建设，是落实《国家语言文字事业"十三五"发展规划》相关任务要求的具体举措。该平台由科大讯飞股份有限公司进行技术承建。

（《语言文字报》2019 年 10 月 30 日第 1 版）

第三届中国北京国际语言文化博览会
盛大举行

第三届中国北京国际语言文化博览会（以下简称"语博会"）于 10 月 24 ~ 27 日在中国国际展览中心举行。25 日上午，教育部副部长、国家语委主任田学军以及部分国家驻华使节出席语博会开幕式并参观展览。

此届语博会以"语言：让世界更和谐，文明更精彩"为主题，是第 22 届中国北京国际科技产业博览会（科博会）的重要组成部分。展区分为成就展、语言文化展和企业展，整体规模较前两届有大幅增加，内容更加丰富，特点更加突出。

新中国成立 70 周年语言文字事业成就展从提升治理能力、服务国家战略、增进民生福祉、弘扬中华文化、讲好中国故事等五个部分，系统展示新中国成立 70 年来中国语言文字事业取得的辉煌成就，体现了党和国家对语言文字工作的高度重视。语言文化展特设京津冀学校语言文化展区和粤港澳大湾区语言文化展区，深入贯彻国家"京津冀一体化""粤港澳大湾区"发展战略，展示语言文化特色和建设成就，并首次设置以广西为代表的少数民族地区语言文化展。企业展区汇集 40 余家企业和语言文化机构，展示语言科技、文化传播等方面的最新成果，如科大讯飞的新一代智慧课堂等最新人工智能产品，北大方正深度融合书法艺术与信息技术的"中华精品字库工程"等。

此届语博会同时举办"语言智能与语言多样性"国际语言文化论坛，中国语言产业论坛暨语言服务高峰论坛、中国语言康复论坛、"一带一路"语言文化高峰论坛和京津冀中小学校长语言文化论坛等，来自50多个国家的1000余名专家学者和企业界人士参与交流。语博会期间，全球中文学习联盟成立，并举行了全球中文学习平台上线发布仪式。

据了解，此届语博会由国家语委、中国外文出版发行事业局、中国联合国教科文组织全国委员会支持，北京市语委、中国国际贸易促进委员会北京市分会、孔子学院总部、北京语言大学、首都师范大学承办，科大讯飞股份有限公司、人民教育出版社、语文出版社等单位协办。语博会汇聚国内外语言文化的前沿思想和理念、高端技术和产品，进一步构建中外语言文化、语言科技交流互鉴的新平台、大格局，助推语言事业和语言产业繁荣发展，弘扬传播中华语言文化，以语言文化为纽带促进世界各国民心相通。

（《语言文字报》2019年10月30日第1版；"语言产业研究"公众号2019年10月29日，有改动）

"京疆情"推普帮扶公益活动云启动

近日，在教育部语言文字应用管理司指导下，北京语言文字工作协会与新疆维吾尔自治区阿克陶县教育局对接，在线启动"京疆情"推普帮扶公益活动。教育部语言文字应用管理司副司长王晖，新疆维吾尔自治区教育厅、北京市语委办、中国语言产业研究院、科大讯飞公司、北京语言文字工作协会等单位相关人员共300余人参加了启动仪式。

启动仪式上，北京语言文字工作协会秘书长胡景旺首先介绍公益活动安排。"京疆情"推普帮扶公益活动通过学校结对、网络在线辅导等方式，帮助阿克陶县66所小学中尚不能胜任国家通用语言文字教育教学工作的教师学习国家通用语言文字、提高普通话应用能力。网络学习平台和资源由科大讯飞无偿提供。随后，中国语言产业研究院院长、北京语言文字工作协会专家委员会主任、此次活动总策划贺宏志致辞，京疆两地学校代表、科大讯飞教育事业群副总裁汪张龙先后发言，王晖作总结发言。王晖表示，阿克陶县大量教师的国家通用语言文字教育教学能力较弱，此前远程培训结对帮扶的规模远不能满足需求，因此教育部语言文字应用管理司努力探索扩大培训供给的新途径。此次培训延续"云端""点对点"教学模式，又有所创新，学习交流可以更深入，帮扶可以更加精准。相信此次活动能发挥北京教师的示范带动作用，用优质的教学资源、教学理念切实提高阿克陶教师的普通话水平和教育教学能力。

目前，北京 50 所语言文化联盟校的 1400 余名教师已经与阿克陶县 66 所小学近 2000 名教师结成帮扶小组，各项学习活动安排均已就绪。

（《语言文字报》2020 年 7 月 15 日第 1 版；"语言产业研究"公众号 2020 年 7 月 3 日，有改动）

把握语言需求　提供学术支持
——助力推普脱贫攻坚，中国语言产业
研究院始终"在线"

　　2018 年 1 月，教育部、国家语委、国务院扶贫办发布《推普脱贫攻坚行动计划（2018—2020 年）》，提出要充分发挥普通话在提高劳动力基本素质、促进职业技能提升、增强就业能力等方面的重要作用，为打赢脱贫攻坚战、全面建成小康社会奠定良好基础。

　　语言产业研究如何助力推普脱贫攻坚？

　　中国语言产业研究院了解到阿克陶县作为"三区三州"中的深度贫困县，少数民族教师占比高、基础比较薄弱，目前仍有相当数量教师的普通话水平没有达到与所授学科相匹配的水准，直接制约了教育教学质量的提高。此后，在教育部语用司的指导下，由院长贺宏志研究员牵头策划了"'京疆情'推普帮扶阿克陶公益活动"方案，并为活动开展提供学术支持。

　　"京疆情"活动由国家语言文字推广基地——北京语言文字工作协会具体组织，科大讯飞公司全程免费提供技术支持，北京中自汇河、新疆一心悦读、北京华夏中研等民营语言文化机构为活动开展提供学习资源支持。本项活动于 7 月 1 日启动，为期 6 个月。目前，北京语言文化联盟校的 50 所学校 1400 余名语文教师与阿克陶县 66 所小学近 2000 名教师，一对一或一对二结成千余个帮扶小组，各项学习活动在有序进行中。

　　此外，9 月 7 日，在第 23 届"推普周"前，中国语言产业研究

院执行院长、国家语言文字推广基地——北京语言文字工作协会会长李艳教授应门头沟区语委邀请，为该区党政机关干部、事业单位工作人员及社区居民作《"推普周"前话"推普"——让普通话为更多的人"赋能"》讲座。

在助力推普脱贫攻坚、构建和谐语言生活的道路上，中国语言产业研究院责无旁贷；把握语言需求，提供学术支持，我们始终"在线"。

今天，《光明日报》以《京疆结对，帮教师提高普通话水平》为题对"京疆情"活动进行了专题报道。以下为报道原文（编者注：下文载于《光明日报》2020年9月18日第9版）。

京疆结对，帮教师提高普通话水平

"京疆一家共普话，手拉手来心连心。北京兄弟传经验，共建民族兄弟情。"在"京疆情"推普帮扶公益活动启动仪式上，新疆阿克陶县央其买里村小学教师尔萨用一首诗表达了自己的心情。

今年7月以来，首都北京连线帕米尔高原东麓的新疆阿克陶县，在线启动了"京疆情"推普帮扶公益活动。该活动通过两地学校结对，由北京的教师网络在线帮扶阿克陶县尚不能胜任国家通用语言文字教育教学工作的教师提高普通话应用能力。

阿克陶县隶属新疆维吾尔自治区克孜勒苏柯尔克孜自治州，地处帕米尔高原东部、塔里木盆地的西部边缘，是我国最西端的县级行政区，是"三区三州"中的深度贫困县。由于少数民族教师占比高、基础比较薄弱，该县仍有部分教师的普通话能力没有达到与所授学科相匹配的水准，直接影响了教育教学水平的提高。

学校是推广普通话的主阵地，教师是推广普通话的主力军。在充分了解阿克陶县教师的具体需求后，北京语言文字工作协会呼吁联盟校与阿克陶的小学结成手拉手友好学校。邀请一经发出，如同一声凝聚众心、必达使命的"集结号"，很快收到积极响应。

"我们手拉手、结对子，每一个成员都是幸运的。我们可以相互学习，互相交流，共同携手去创造未来。"北京市朝阳区芳草地国际学校副校长张龙深情回应。

目前，北京 50 所学校的 1400 余名教师已经与阿克陶县 66 所小学近 2000 名教师结成帮扶小组。北京语言文字工作协会制订了详细的教学计划，包括"周周学""半月谈""月末赛""双月展""季度结"等环节，明确周、月、季的具体要求，开展连续性学习、名家讲座、学习成果展示等活动。两地教师在交流中学习，在学习中提高，在实践中应用。

北京师范大学大兴附属小学教师赵超男探索了三种学习方式："第一种是跟读法。我会把指定文章读一遍，语速放慢，而且是一句一句发语音，听起来更方便，可以反复听。第二种是反馈法。祖丽皮耶老师一句一句读文章，我边听边记录下发音不准确的词语，再为她纠正和范读。第三种是每周两次的语音聊天。"

对祖丽皮耶·阿布都热合曼老师来说，"说好普通话，对孩子们负责"是她最大的心愿，而这次培训就如同一场甘霖，让她有机会向首都的老师学习标准、规范的普通话。

"要想做好教师，最好是和好教师做朋友。"新疆阿克陶县克孜勒陶乡学校副校长万运坪引用陶行知先生的话说，"我们有幸拥有了北京大兴七小的好教师，他们有着超高的普通话水平、丰富的教学经验、很强的教学能力……拥有如此优秀的师傅，我们非常荣幸。"

阿克陶县委县政府在给教育部语言文字应用管理司发的函中，感谢普通话培训等措施，"解决了长期困扰我县教育发展的瓶颈，也鞭策我们进一步坚定打赢脱贫攻坚战的信心和决心"。

参与推普帮扶的北京亦庄实验小学老师高学雷在线抒怀："北京新疆手拉手，推普扶贫往前走。空中课堂一线牵，通用语言遍神州。"

（"语言产业研究"公众号 2020 年 9 月 18 日）

专家研讨中国语言产业研究

近日，第六届中国语言产业论坛在京举办，来自全国20个省（区、市）和澳门特别行政区的70余位代表，围绕"迎接新十年：中国语言产业研究的使命与任务"主题展开研讨。

会上，中国语言产业研究院院长贺宏志介绍了论坛的背景与目的。2020年是中国语言产业研究系统开展研究的第十年。语言产业在国家内政、外交、经济、社会、文化发展中发挥着日益重要的作用，不断满足着人们对语言产品与服务新的消费需求，为增强国民语言能力、推进语言文字工作治理体系和治理能力现代化、提高语言文字工作服务国家发展大局的能力和水平奠定了坚实基础。北京语言大学教授李宇明作了题为《中国经济新发展与语言学》的报告，他表示，中国经济的新发展需要全面深入认识语言的经济属性，形成支撑经济的强大语言能力，制订语言与经济协调发展规划。武汉大学教授赵世举基于我国语言服务产业现状，提出了优化资源配置和产业结构、改善产业体系和产业生态的语言服务产业集约发展之路的建议。科大讯飞教育事业群副总裁汪张龙分析了人工智能与语言学习的关系，并以全球中文学习平台建设为例介绍了人工智能技术的应用，提出要提供更有针对性的学习资源，形成共创、共享、开放的中文学习生态圈。中国传媒大学教授姚喜双从创新、协调、绿色、开放、共享五个方面，探讨如何更好地贯彻落实十九届五中全会精神，加大推广国家通用语言文字力度，以创新驱动语言产业高质量发展。

据了解，中国语言产业论坛由首都师范大学中国语言产业研究院主办，旨在促进语言产业问题研究、深入探讨中国语言产业的发展。第七届中国语言产业论坛将由广西民族大学承办。

（《语言文字报》2021年1月27日第1版；"语言产业研究"公众号2020年12月21日，有改动）

第七届中国语言产业论坛举办

日前，第七届中国语言产业论坛在广西民族大学举办，来自全国 20 多个地区的 100 余位代表，在线下、线上围绕"新时代新经济背景下中国语言产业研究的历史使命"主题进行深入研讨。

今年是"十四五"规划的开局之年，也是中国语言产业研究系统开展的第 11 年。11 年来，语言产业在国家内政外交、经济社会文化发展中，发挥着日益重要的作用，为语言产品服务新的消费需求、增强国民语言能力、推进语言文字工作治理体系现代化发挥了应有的功能。会上，专家学者围绕语言产业规划、语言行业、语言资源、语言消费、区域语言产业调查、语言文化传播、语料库建设、语言距离计算、国际中文教育等作主旨报告。中国语言产业研究院院长贺宏志对语言产业研究十余年间的发展情况进行了梳理，阐述了语言产业学交叉学科的研究路径和方向。武汉大学教授赵世举认为，中国和东盟国家间区域语言服务和语言产业需求不断增加，应当打造区域的通用语，发展语言产业，促进区域间的高效交流。教育部语言文字应用研究所所长刘朋建介绍了"十四五"期间语言文字事业宏观层面的政策支持，从国家语言文字治理的发展目标和主要任务进行论述。会议期间，与会代表还参观了广西民族大学语言博物馆。

据了解，中国语言产业论坛由首都师范大学中国语言产业研究院主办，广西民族大学广西中华民族共同体意识研究院承办。此次论坛旨在促进语言产业问题研究，深入探讨中国语言产业的发展。

（《语言文字报》2021年11月17日第1版；"语言产业研究"公众号2021年10月27日，有改动）

第八届中国语言产业论坛举办

第八届中国语言产业论坛在华中科技大学举办，来自全国 20 多个地区的 100 余位代表，围绕"语言产业及语言文化建设助力乡村振兴"主题进行了深入研讨。此次论坛由首都师范大学中国语言研究院与华中科技大学人文学院联合举办。

开幕式上举行了"术语资源开发应用研究基地"授牌仪式，该基地将致力于为术语资源的开发应用、普及传播提供智库服务，培养术语传播方面的专门人才，促进"产学研"合作，共同推进术语学科事业发展。主旨报告环节，来自山东大学、广州大学、上海外国语大学、北京语言大学、华中科技大学等高校和全国科学技术名词审定委员会、国家语言文字政策研究中心等机构的专家学者，围绕语言服务能力评估、语言服务产业视域下的复合型翻译人才培养、网络语言治理与语言产业发展等议题阐述见解。平行论坛环节，与会青年学者围绕语言产业与乡村振兴、老年及网络语言产品的供给、新媒体语言产业等问题展开热烈讨论。论坛期间，还举办了首期语言产业研究青年学者讲习班。

据了解，国家语委从"十二五"时期开始立项支持语言产业研究，国务院办公厅于 2021 年发布的《关于全面加强新时代语言文字工作的意见》对语言产业研究及各业态发展提出了明确要求。经过 10 多年的发展，语言产业研究的学术吸引力和社会影响力逐步增强。第九届中国语言产业论坛将于 2023 年在中南大学举办。

（《语言文字报》2022 年 8 月 3 日第 1 版；"语言产业研究"公众号 2022 年 7 月 22 日，有改动）

第九届中国语言产业论坛举行

近日，第九届中国语言产业论坛在中南大学举行，来自全国各地的130余位代表参加论坛，围绕"做好语言产业规划，服务中国式现代化建设"主题进行深入研讨。

在论坛的主旨报告环节，来自首都师范大学、南京大学、山东大学、广西民族大学、上海外国语大学、香港城市大学、华中科技大学、内蒙古大学、江西师范大学、上海市教育科学研究院、科大讯飞股份有限公司等高校和单位的专家学者，围绕语言智能学科体系与教育、语言文明的发展阶段、全球语言服务产业报告解读、国际交往语言服务体系构建等议题进行探讨。在"区域语言产业发展"专题对话环节，来自湖南第一师范学院、全国科学技术名词审定委员会事务中心、湖北民族大学、中南大学、对外经济贸易大学、广东技术师范大学、广西民族大学的专家结合各自的研究和实践成果作了交流发言。论坛还设有七场平行论坛，与会的各位青年学者围绕语言行业与语言产品研究、区域与国别语言产业研究、语言资源与语言生活研究、国际中文教育研究、中华优秀语言文化传播研究、语言产业相关问题研究等议题展开了热烈讨论。

中国语言产业论坛旨在促进语言产业问题研究、深入探讨中国语言产业的发展。此次论坛由首都师范大学中国语言产业研究院与中南大学人文学院联合举办。据中国语言产业研究院初步统计，我国语言产业规模约占全国 GDP 的 1%，其中，语言技术、语言培训、语言创意行业达到了千亿级别，语言翻译、语言出版、语言康复达到了百亿级别，语言产业发展欣欣向荣。

（《语言文字报》2023 年 7 月 26 日第 1 版；"语言产业研究"公众号 2023 年 7 月 13 日，有改动）

《国际中文教育蓝皮书》发布

　　2023年10月30日，《国际中文教育蓝皮书》发布仪式在青岛举行。该皮书的研制工作是中国语言产业研究院团队2021年受全球中文学习联盟秘书长单位——科大讯飞委托开展的。着眼于市场、产品与产业，聚焦全球中文学习产品的供需状况调查与供给策略研究，由科大讯飞汪张龙副总裁和中国语言产业研究院贺宏志院长提出研究策划。中国语言产业研究院执行院长李艳教授担任项目负责人，在研制过程中，指导8位硕士生从国际中文教育产品供需研究的视角完成了较高质量的学位论文，10余位博士生、硕士生参与了政策篇、文献篇、资料篇的检索搜集和整理分析工作。

　　《国际中文教育蓝皮书》由两卷构成：卷一为主卷，包括"总述篇""政策篇""文献篇""专题篇""对策篇"等五部分。"总述篇"是对当前国际中文教育供需现状、问题、趋势的整体思考；"政策篇"是对2012—2022年间国际中文教育相关政策的梳理；"文献篇"对2012—2022年间国际中文教育相关研究成果进行了检索分析；"专题篇"是实证调研与问题探究部分，分为三个主题、七个专题，即"中文学习产品供需调查""'中文+'传播现状调查""中文国际传播国别调查"，主题一又细分为"全球中文学习平台""移动中文学习产品""在线远程中文教学"三个专题；主题二包括"中文+中医药的中文国际传播模式研究""语言艺术助力中文国际传播的策略研究"两个专题；主题三分别是对俄罗斯、埃及的国别调查。卷二为副卷，定位为"资料篇"，包括两部分，一是"168 个国家中文教育概况"，二是"国际中文教育机构概览"。卷一 26 万字，卷二 40 万字，合计 66 万字。

目前，国际中文教育亟待树立市场观、产品观、成本观，重视民间传播力量，讲求经济效益，注重传播效果。从语言产业研究的视角来看，语言培训（教育）、语言翻译、语言出版、语言会展等多个语言行业都是语言传播的主体。要充分发挥语言产业、语言行业、语言企业的作用和力量，形成教育传播、出版传播、翻译传播、会展传播的合力，构建科学的语言传播体系；在此基础上，着眼市场需求、有效供给、成本核算等问题，对语言传播的投入与产出进行科学管理。

国际中文教育面临受众范围广、国别区域多、需求差异大等难题，并且，这些问题还将持续存在。但大道至简，面对这种多元性、复杂性，传播之道的关键在于做好受众研究，做到按需供给、因地制宜、因人而异、因材施教。

为此，要把握一条主线，以不变应万变。"一条主线"是指从目的国的政治、经济、文化、历史等方面，对国家、社会、个体的中文学习态度和需求进行宏观、中观、微观相结合的动态分析；"以不变应万变"是指围绕"一条主线"，在需求变化中清晰地把握其背后的动因，准确把握目标受众的"核心需求"，将受众所需要的中文学习产品以合适的方式、有效的渠道提供给对方。

（"语言产业研究"公众号 2023 年 11 月 3 日，有改动）

第十届中国语言产业论坛将举行

第十届中国语言产业论坛与第十六届中国语言经济学论坛将联合举办，这也是继2016年两论坛首次合办后的第二次"双坛合璧"。论坛将于2024年7月12日至14日在山东财经大学举行。

中国语言经济学论坛由山东大学经济研究院于2009年创立，旨在推动经济学与语言学的交叉研究，已举办15届。中国语言产业论坛由首都师范大学中国语言产业研究院于2012年创立，旨在深入探究语言产业问题、推进中国语言产业的发展，已举办9届。

语言经济生活是社会语言生活的重要方面，与语言政治生活、语言文化生活等共同构成社会语言生活的整体图景。进入新时代以来，在国家经济文化、内政外交的发展中，语言经济、语言产业发挥着日益重要的作用，不断满足语言产品与服务新的消费需求，为增强国民语言能力和国家语言实力奠定坚实基础。

国务院办公厅《关于全面加强新时代语言文字工作的意见》提出要"加强语言产业规划研究。坚持政府引导与市场运营相结合，发展语言智能、语言教育、语言翻译、语言创意等语言产业"。语言产业从学界探究，到成为国家政策正式提出，是对近20年来语言产业经济研究的肯定，也为下一步的研究提出了明确的目标。

本届论坛主题：发展新质生产力与语言经济学、语言产业学建设。相关议题包括但不限于：（1）语言经济学理论发展与突破；

（2）语言产业学的学科建设与社会服务；（3）大语言模型、语言智能与语言经济、语言产业研究；（4）语言与组织行为/企业管理研究；（5）术语资源开发应用研究；（6）语言产业经济发展规划研究。

作为学术服务和社会服务的重要内容，中国语言产业研究院定于 2024 年 7 月 9 日至 14 日在山东师范大学举办第二期语言产业研究青年学者讲习班，同时举办"讯飞星火"首届语言产业研究青年学者优秀论文评选，并在论坛发布评选结果。

（"语言产业研究"公众号 2024 年 1 月 24 日，有改动）

中国语言产业研究院简介

　　"中国语言产业研究院"的前身为"北京语言产业研究中心"，成立于 2010 年 9 月 28 日，是国内首个专门、系统进行语言产业研究的开放式学术平台，致力于以产业经济、语言文化跨学科视角，为国家语言决策服务，为经济社会发展服务。依托单位为首都师范大学。

　　中国语言产业研究院开创了"语言产业研究"这一学术领域和学科方向，学术及实践成果被认为"国内领先，国际前沿"。

　　在学术成果方面，出版了国内外第一部语言产业、语言消费研究专著《语言产业导论》《语言消费论》及国内第一套"语言产业研究丛书"；研编了我国首部区域语言生活皮书《北京语言生活状况报告》、首部区域语言产业调查报告《北京语言产业调查报告》，出版了《中国语言产业发展报告》和《国际中文教育蓝皮书》。

　　率先开展语言会展研究：《语言产业导论》首提"语言会展业"概念，之后开展"语言会展业的界定及发展策略研究"（国家语委科研项目）并发表系列论文；组织建成我国第一个语言文化主题数字博物馆"北京语言文化数字博物馆"；出版《世界语言文化博览会博物馆概览》，完成《中国语言会展行业发展报告》，提出"展会馆园四位一体"语言会展发展理念和"中华语谷"愿景。

　　在学术服务方面，发起"中国语言产业论坛"，已举办十届；主办国内唯一聚焦本领域的学术辑刊《语言产业研究》；主编了迄今为止我国选题最为丰富的语言文化普及读物"语言文化阅读书系"和"语言文化大讲堂丛书",其中有的读本入选中宣部、国家新闻出版署"农家书屋";主编的冬奥会语言服务"一书两刊",被教育部、国家语委、冬奥组委纳入"北京冬奥会语言服务行动计划";主办"语言产业研究青年学者讲习班"和"语言产业研究青年学者优秀论文奖"评选活动,广泛开展了语言产业学术交流与传播工作。

在社会实践方面,策划论证、组织筹办了三届"中国(北京)国际语言文化博览会",填补世界华语区语言文化主题博览会空白;策划、指导"北京市民语言文化大讲堂"建设和"京疆情"推普帮扶新疆阿克陶公益活动,成为国家语委"语言文化品牌活动优秀案例";为少数民族地区中华经典诵读活动提出"家园中国"命名策划,被国家语委采用。

承担国家社科、国家语委、文旅部、北京市等方面的科研项目,包括"语言产业的界定及其在新兴产业结构中的地位""中国语言产业经济贡献度研究""行业领域语言文化建设研究""'一带一路'建设中的语言消费新问题及其对策研究""新技术与新需求视角下的2022年冬奥会语言服务研究""语言产业对'十三五'时期文化发展目标实现的助推功能与策略研究""北京语言产业的经济贡献度及发展策略研究""中国语言产业数据库建设及其应用研究""术语资源开发应用模式路径研究""国际中文教育需求状况与供给策略研究"等20余项。

在《人民日报》《光明日报》《经济日报》《中国教育报》及《语言文字应用》《语言战略研究》《山东师范大学学报》《云南师范大学学报》等刊物发表语言产业研究相关论文百余篇。

开创"语言产业研究"交叉学科方向,依托首都师范大学中国语言文学一级学科,于2019年开始招收博士、硕士研究生。与科大讯飞等企业共建了"产学研"合作基地、研究生实践教育基地,与全国科技名词委共建有"术语资源开发应用研究基地",是"全球中文学习平台"理事单位。